Rainer Schmidt
Das Teebuch
für Anfänger, Profis und Freaks

Rainer Schmidt

Das Teebuch
für Anfänger, Profis und Freaks

braumüller

Bibliografische Information der Deutschen Nationalbibliothek
Die Deutsche Nationalbibliothek verzeichnet diese Publikation in der
Deutschen Nationalbibliografie; detaillierte bibliografische Daten
sind im Internet über http://dnb.d-nb.de abrufbar.

Printed in Austria

Alle Rechte, insbesondere das Recht der Vervielfältigung und Verbreitung sowie der
Übersetzung, vorbehalten. Kein Teil des Werkes darf in irgendeiner Form (durch
Fotokopie, Mikrofilm oder ein anderes Verfahren) ohne schriftliche Genehmigung des Verlages reproduziert oder unter Verwendung elektronischer Systeme gespeichert, verarbeitet, vervielfältigt oder verbreitet werden.

2. Auflage 2014
© 2013 by Braumüller GmbH
Servitengasse 5, A-1090 Wien

www.braumueller.at

Fotos:
Kurt-Michael Westermann (Umschlagrückseite, S. V, VII–XI, 1, 18, 25 unten, 36, 38, 47, 48, 58, 60–68, 70, 72, 74, 76, 78, 94, 100, 105, 110 rechts unten, 111 Mitte rechts, 114 unten, 115, 117 unten, 126–129, 130 oben, 131 oben, 132 rechts, 134–137, 139 unten, 140, 143 oben, 144, 145 oben u. Mitte, 146, 148, 152, 155, 158, 160–164)

Andere Bezugsquellen:
Umschlag: silberkorn/iStockphoto; Umschlagrückseite, S. VIII–XI, 2, 3, 5, 7–16, 19–21, 23, 24, 25 oben, 26, 28–30, 32, 41–44, 46, 49–51, 53, 54, 59, 75, 77, 82–84, 90–92, 95, 101, 103, 108, 113, 116, 117 oben, 119, 122, 125, 130 Mitte u. unten, 131 Mitte u. unten, 145 unten, 154, 157: Inge & Rainer Schmidt; S. 4: © Alexandra Schepelmann mit Bildmaterial von rimglow/iStockphoto; S. 17, 88, 102, 106, 112, 118: © Alexandra Schepelmann; S. 80–81: turtix/iStockphoto; S. 96–97: © Darjeeling Tea Association, Kalkutta; S. 73, 114 Mitte, 139 oben, 143 unten: Archiv Braumüller Verlag; S. 110 links und rechts oben, 111 oben, Mitte links, unten: Ulrich Haas, www.teeseminar.de; S. 114 oben: szefei/iStockphoto; S. 132 links: Frédérique Voisin-Demery/flickr (CC); S. 133: winterling/iStockphoto; S. 141: aspenrock/iStockphoto; S. 147: Garry518/iStockphoto; S. 153: humusak2/sxc

Druck: Druckerei Theiss GmbH, A-9431 St. Stefan im Lavanttal
ISBN 978-3-99100-104-1

Vorwort

Rainer Schmidt: ein Leben für den guten Tee

Es ist ein prächtiges Schauspiel, wenn Rainer Schmidt in Ausübung seines Berufes den Tee mehr inhaliert als trinkt. Er ist Händler und Tea-Taster in einer Person, und wenn er in seinem hanseatischen Kontor die Proben verkostet, die ihm Agenten aus der Teewelt rund um den Globus zuschicken, klingt es wie eine rustikale Sinfonie vom Lande. Der gewaltige Schmatz, mit dem Schmidt jeden Schluck in sich hineinzieht, ist mit „schlürfen" noch gnädig beschrieben; eher hören sich die Sauggeräusche, mit denen er jeden Schluck Tee aufsaugt, daran kurz und herrisch, doch sichtlich konzentriert herumschmatzt und gleich wieder zielsicher in einen Kupferbehälter ausspuckt, nach einem nach Luft japsenden Ferrari an, der vom fünften auf den vierten Gang heruntergeschaltet wird.

Eine feine Five-o'Clock-Gesellschaft würde es bei diesen gurgelnden Schlürfarien aus den Sesseln heben, doch Schmidt hat nicht etwa schlechte Manieren. Der Mann zieht beim Verkosten der diversen Teesorten – wie Winzer beim Wein – möglichst viel Luft ein, weil diese Sauerstoffdusche die Entwicklung der Aromen fördert. Der Tee öffnet sich und gelangt gleichzeitig auf alle jene Nervenzellen von Zunge und Gaumen, die bei der geschmacklichen Analyse für süße, saure, salzige und bittere Geschmäcker verantwortlich sind. Das versetzt Rainer Schmidt in die Lage, jeden Tee im Detail zu verkosten, ihn sozusagen Schluck für Schluck sensorisch zu röntgen. Zuvor hat er bereits die Farbe sowie die Struktur begutachtet und den Duft des Tees in sich aufgenommen. Von seinem Urteil hängt es schließlich ab, welche Teesorten eingekauft werden.

An solchen Testtagen verkostet Schmidt bis zu 300 und mehr Proben aus aller Welt. Leicht vornübergebeugt steht er am Tresen, auf dem die Tassen soldatengleich in schnurgerader Linie aufgereiht sind. Nichts scheint ihn ablenken zu können. Erst wird die Farbe geprüft, dann mit hohem sittlichem Ernst an den prall aufgegangenen Teeblättern gerochen, die nach international gültigem Komment exakt fünf Minuten lang gezogen haben. Bei einer der Tassen legt sich sein Gesicht traurig in Falten. Der Tee schmeckt disharmonisch, er ist vielleicht zu bitter, dumpf, holzig, gar moderig, also wird er aussortiert, nichts für den hohen

Anspruch von Rainer Schmidt. Ein anderer ist zu gefällig, von vordergründiger Glattheit, es fehlen Tiefe und Charakter. Doch plötzlich hellt sich die Miene des Tee-Meisters auf, seine Augen strahlen, er hat eine Spitzenqualität gekostet.

Es ist ein Vergnügen, ihm zuzuhören, wie er über Tee spricht – oder über Wein, selbst gesammelte Pilze sowie andere kulinarische Köstlichkeiten. Schmidt ist ein universaler Genießer. Seine bei Alltagsthemen schon melodische Stimme bekommt ein besonders schmeichelndes, ja verführerisches Timbre, wenn er einen Lagentee präsentiert, den er bei einer seiner Touren in die Anbaugebiete in einem der hintersten Winkel Chinas oder Indiens entdeckt hat und von dem es vielleicht weltweit nicht mehr als 100 Kilogramm gibt. Und wenn er dann mit eleganter Bewegung eine Tasse einschenkt, tut er dies wie mit einer Gottesgabe. Nun könnte man meinen, Rainer Schmidt spiele glänzend Theater, sozusagen ein Marketing-Solo aus der Hand, aber das stimmt nicht. Der Mann kauft und verkauft nicht nur Tee, er liebt ihn, Tee ist für ihn über den Beruf hinaus längst zu einer Berufung geworden.

Die Aufgabe von Schmidt besteht darin, aus Tausenden von Teesorten, die sich je nach Pflanze, Herkunft, Klima, Anbau, Pflück-, Ernte- und Verarbeitungsmethoden unterscheiden, Jahr für Jahr das Beste zu selektieren. Immer wieder findet der Tea-Taster mit traumwandlerischer Sicherheit in einer Flut von Mustern die richtigen heraus. Eine ganze Reihe von Kriterien wie Geschmack, Geruch, Blattbeschaffenheit oder Farbe des Aufgusses „liest" er im Kontext der Herkunftsländer und beurteilt so Qualität und Preis. Sieht man ihn an seiner langen Verkostungstheke riechen, schlürfen, spucken und in Windeseile sein Urteil bilden, beginnt man zu ahnen, womit er die Juwelen herausfiltert: mit scharfen Sinnen dank einer hochsensibel eingestellten Zunge, seinem unschätzbaren Kapital. Es ist schon so: Tea-Taster wie Rainer Schmidt werden nicht gemacht, sondern geboren.

Lubitsch, der große Regisseur, hätte ihm wohl eine Rolle als Künstler angeboten, vielleicht als Bildhauer oder auch als Gutsbesitzer, in jedem Fall aber als einen Gerechten des Tees mit einer Tasse in der Hand.

August F. Winkler
Bonn, im September 2013

Inhalt

TEEWISSEN

Die Teepflanze — 3
Thea assamica – die Assamsaatpflanze — 5
Thea sinensis – die Chinasaatpflanze — 6

Ernte — 8
Teeplantagen und -fabriken — 13

Teeherstellung — 15
Orthodoxe Herstellung schwarzer Tees — 15
Maschinelle Herstellung schwarzer Tees — 22
Herstellung grüner Tees — 27

Blattgrade — 31
Blatt-Tees – Broken-Tees — 31
Fannings- oder Aufgussbeuteltees – Dust-Tees — 33
Blattbezeichnungen — 34
Halb fermentierter Tee — 41
Weißer Tee — 42
Gelber Tee – Pu-Erh-Tee — 44

Aromatisierte Tees — 49
Tee selbst aromatisieren leicht gemacht — 55

Teemischungen – Blends	56
Homogene Teemischung – Besondere Geschmacksrichtungen	56
Herrliche Blends für zu Hause	59
Das Probenzimmer	60
Die Teeprobe	61
Tee-Geschichte & Handelswege	67
Tee-Lagerung in der Speicherstadt	73

TEE-ANBAUGEBIETE UND TEESORTEN

Anbaugebiete	82
Tee aus kontrolliert biologischem Anbau	84
Tee in Indien	89
Darjeeling	89
Dooars und Terai – Nepal und Sikkim	98
Assam	99
Travancore, Mudi und Anamalai	101
Tee in Sri Lanka	103
Dimbula und Dickoya – Nuwara Eliya (Nurelia) – Uva und Uda Pussellawa – Lowgrown Tee	104
Blattgrade und Sortierung der Ceylon-Tees	105

Tee in Japan und Korea — 107
Die bekanntesten und wichtigsten Anbaugebiete — 107
Tee in Korea — 109
Japanische Teezeremonie — 110

Tee in China — 113
Bekannte grüne Tees aus China — 114
Chinatee – Kunstwerke — 115
Bekannte schwarze Tees aus China – Bekannte weiße Tees aus China — 116
Jasmintee – Pu-Erh-Tee — 117

Tee in Afrika — 119
Südafrika — 120

Tee in weiteren Ländern — 121
Tee in Indonesien — 121
Tee in Malaysia – Tee in Bangladesch — 122
Tee in Vietnam – Tee in Taiwan — 123
Tee in Papua-Neuguinea – Tee in Australien – Tee in der Türkei, Georgien und Aserbaidschan – Tee in Süd- und Mittelamerika — 124

Tee aus fairem Handel — 125

TEEZUBEREITUNG UND TEEGENUSS

Einkaufstipps für Tee	129
Lagerung im Haushalt	132
Aufgussbeutel	133
Zubereitung schwarzer Tees	134
Zusätze zum schwarzen Tee	137
Zubereitung grüner und weißer Tees	138
Wasserqualität	140
Schlieren in der Teetasse	141
Teekannen und -geschirr	142
Tee in der Thermoskanne	142
Kleine Kannenkunde	143
Tee im Samowar	147
Tee und Gesundheit	149
Grüner Tee – Komponenten und gesundheitsfördernde Eigenschaften	151
GLOSSAR	153

Teewissen

Die Teepflanze

Teepflanzen gehören zur Gattung der Kamelien, sind immergrüne Strauchgewächse mit Pfahlwurzeln, die mehrere Meter in den Boden hineinwachsen, und haben eine unscheinbare Blüte. Diese ist verhältnismäßig klein und erinnert im Aussehen mit den weißen Blütenblättern und den gelben Staubgefäßen an die Jasminblüte. Die Teesaat ist kugelförmig, grün und im Durchmesser etwa einen Zentimeter groß, wird aber kaum noch zur Vermehrung eingesetzt. Man verwendet heutzutage Stecklinge, vorrangig Pflanzen, die schnell wachsen und somit einen hohen Ertrag sichern.

Pfahlwurzel der Teepflanze

Aus Saaten gewachsene Teebüsche „melden" ihre nur für kurze Zeit andauernde Erntebereitschaft durch das Verströmen eines fruchtig süßlichen Duftes, Stecklinge hingegen nicht. Zudem können Erstere sehr alt werden. In China gibt es Pflanzen, die nachweislich älter als 500 Jahre sind und in jedem Frühjahr wieder frische Blätter aussprießen lassen, jedoch nicht mehr beerntet werden. Stecklinge hingegen werden nach spätestens 25 Jahren herausgenommen und durch neue Pflanzen ersetzt. Der Teebusch erscheint durchwegs in sattem Grün. Die Blätter selbst weisen eine dunkelgrüne Farbe auf. Nur die frisch gewachsenen, wenige Tage alten Blätter können zu Tee verarbeitet werden. Die Teeblätter sind länglich oval, an den Rändern meist etwas gezackt und laufen spitz zu. Frische, noch nicht aufgegangene Blattspitzen sind von einem silbrigen Flaum umhüllt, der nach dem Entfalten der Blätter abfällt. Diese zarten, sanften Blattspitzen sind im umsichtig verarbeiteten schwarzen Tee später als goldene Tips sichtbar. Im grünen und weißen Tee erkennt man sie als silbrige, zum Teil sogar als weiße Spitzen (Buds).

Teeblüte und Samen

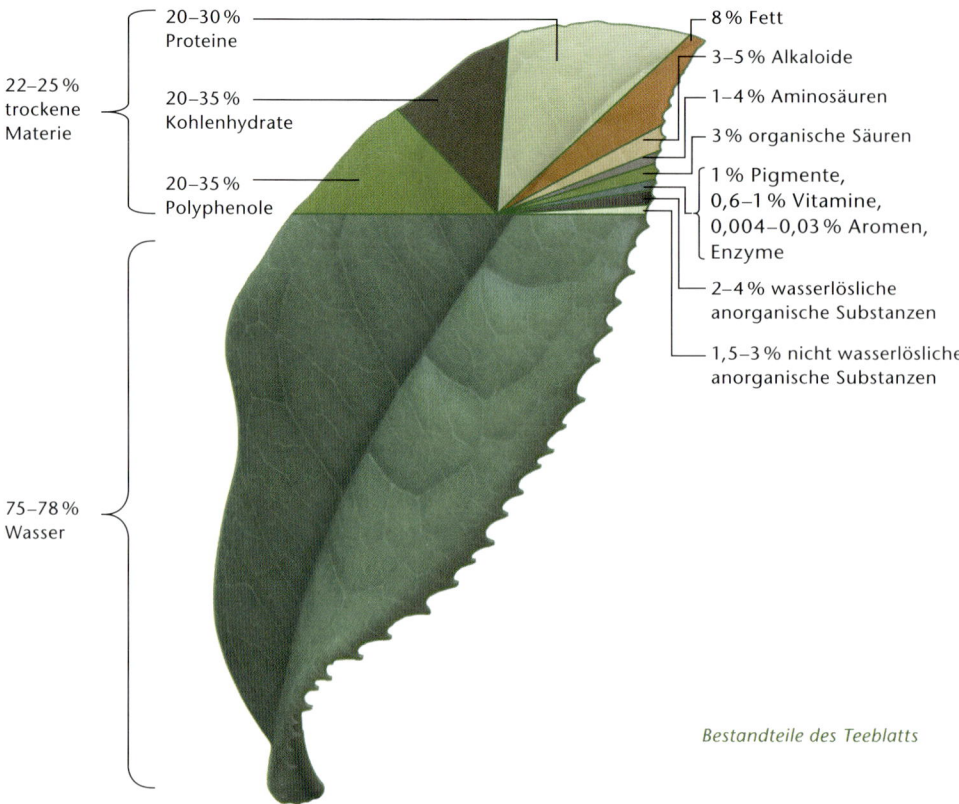

Bestandteile des Teeblatts

Das frische Teeblatt besteht zu 75 bis 78 Prozent aus Wasser und zu 22 bis 25 Prozent aus festen Bestandteilen. Letztere setzen sich aus organischen (Proteinen, Aminosäuren, Alkaloiden, Polyphenolen, Kohlenhydraten, aromatischen Stoffen und Vitaminen) und nicht organischen (wasser- und nicht wasserlöslichen) Inhaltsstoffen zusammen.

Diverse Züchtungen führten zu Veränderungen im Aussehen: In Japan hat man etwa Teepflanzen gezüchtet, die die typischen spitz zulaufenden Blätter nicht mehr besitzen. Die Teeblätter weisen hier primär eine ovale Form auf. Der Grund liegt in ihrer vorwiegend maschinellen Pflückung – ovale Teeblätter werden kaum von den Scherenmessern beschädigt oder durchgeschnitten. Bei einem bereits bei der Ernte durchtrennten Blatt würde umgehend die Oxidation der Zellsäfte beginnen und das Aroma verloren gehen – dies ist bei schwarzen Tees weniger ein Problem, bei grünen und weißen Tees allerdings ein hohes Qualitätsmanko.

Es gibt zwei Grund-Teepflanzen: die Thea assamica und die Thea sinensis. Mittlerweile wurden aus beiden Kreuzungen hergestellt, die den Ansprüchen des entsprechenden Anbaugebietes angepasst sind.

Two leaves and a bud

Thea assamica – die Assamsaatpflanze

Die Assamsaatpflanze wächst nur in tropischen Ebenen oder im Sumpfland, benötigt sehr viel Niederschlag und gedeiht am besten bei schwülwarmen Temperaturen. Verbreitet ist sie besonders in Assam, in den niedrig gelegenen Anbauflächen Darjeelings, in Sylhet, Dooars, Terai (Anbauflächen in Nordindien vor dem Himalaja-Gebirge bis nach Assam), in den niedrigeren Anbaugebieten Südindiens und Sri Lankas.

Um die Ernte zu erleichtern, werden die ansonsten baumartig etwa 16 bis 18 Meter hoch wachsenden Teepflanzen hüfthoch geschnitten. Der Ernteertrag ist bei der Thea assamica drei- bis viermal höher als bei der Thea sinensis.

Die Blätter der Assamsaatpflanze sind in ihrer Größe recht unterschiedlich und können sogar handtellergroß werden. Für die Herstellung von Tee ist es entscheidend, dass die Blätter jung und geschmeidig sind. Die Farbe der ernteereifen Blätter ist abhängig von ihrem Alter. Die Farbskala reicht von Braungelb bis Dunkelgrün. Aus der Thea assamica werden vorrangig schwarze Tees hergestellt. Die Tassenfarbe ist meist recht dunkel und kräftig, der Geschmack besonders intensiv und würzig, zum Teil sogar malzig – ein idealer Tee für die Aufgussbeutelproduktion.

Neben schwarzen Tees können aus dieser Pflanze auch grüne und weiße Tees produziert werden, dies setzt aber großes Können und fachliches Wissen voraus.

Thea sinensis – die Chinasaatpflanze

Die Chinasaatpflanze wird in den hoch gelegenen Plantagen in Darjeeling, im Gebirge in Tansania, auf den höchsten Stellen Sri Lankas, aber auch in den Höhenlagen Chinas angebaut. Sie kann leichten Frost nur für kurze Zeit vertragen. Der Strauch der Thea sinensis würde ohne Beschnitt buschartig ungefähr sechs bis acht Meter in die Höhe wachsen. Die Blätter weisen eine längliche ovale Form auf, sind am Rand gezackt und relativ klein – meist nur daumengroß. Frisch geöffnete Teeblätter sind farblich blassgelb bis braun und verändern bis zum Pflücken ihre Farbe in Grünlich-Gelb.

Abhängig von der Anbauhöhe werden die Büsche im dreiwöchigen Intervall beerntet – je höher der Teegarten liegt, desto seltener treten die Pflückintervalle auf und desto geringer fällt der quantitative Ertrag aus. Geerntet werden nur die frisch geöffneten Blätter sowie die Blattknospen, also die noch nicht geöffneten Blätter. In Yunnan in 3200 Meter Höhe können die Büsche beispielsweise nur alle acht bis zwölf Wochen beerntet werden.

Die Blätter der Thea sinensis eignen sich nicht besonders gut für die Aufgussbeutelproduktion, da das dezente, weiche Aroma und die helle Tassenfarbe kaum durch das Filterpapier hindurchdringen. Aufgebrüht zeichnet sich dieser Tee durch eine helle Tassenfarbe und einen zarten, fruchtigen Duft und Geschmack aus. Auch wenn der Großteil der grünen und weißen Tees aus Thea sinensis hergestellt wird, so kann auch schwarzer Tee daraus produziert werden.

Ernte

Frische Teeblätter, bereit zur Ernte

In den meisten Tee-Anbaugebieten, vor allem in den bergigen Regionen, werden die Teeblätter vorrangig mit der Hand und je nach Lage in unterschiedlichen zeitlichen Abständen geerntet: in Äquatornähe turnusmäßig alle zwei bis drei Wochen, in weiter entfernten Anbauflächen alle drei bis sechs Wochen und in bergigen Höhen über 2500 Meter gibt es nur zwei bis drei Ernten pro Saison.

Geerntet werden immer frisch gewachsene „two leaves and a bud", also zwei bereits aufgegangene Blätter und eine Blattknospe, ein noch nicht entfaltetes Blatt.

Die händische Tee-Ernte wird hauptsächlich von Frauen durchgeführt, da diese geschickter und schneller sind als Männer. Je nach regionaler Tradition sammeln sie die gepflückten Blätter und Blattknospen entweder in auf dem Rücken getragenen Körben, in um den Körper gewickelten Leinentüchern oder in großen, runden bastgeflochtenen Schalen.

Die frisch gewachsenen, erntereifen Blätter sind deutlich zu erkennen, da sie sich mit ihrer gelblich grünen Farbe von den alten dunkelgrünen Blättern abheben. Zudem sind sie zart und geschmeidig, im Gegensatz zu den am Strauch verbleibenden älteren harten und festen Blättern.

Händische Tee-Ernte in China (links oben), Assam (links Mitte) und Kenia (rechts). Links unten: maschinelle Tee-Ernte in Japan

Mittlerweile werden in vielen Tee-Anbaugebieten auch maschinelle Pflückungen durchgeführt. In Japan, bestimmten Gegenden Chinas, Assam und Afrika – hier besonders in Kenia und Malawi – pflückt man die Teeblätter mittels heckenscherenähnlichen Maschinen, die von zwei Männern getragen werden. Ein Luftstrom bläst die Blätter in einen den Maschinen angehängten Sack.

In einigen anderen Regionen, beispielsweise in Südindien, kommen auch halb automatische Geräte zum Einsatz. Vorne an der Kehrschaufel befindet sich eine zackenartige Vorrichtung, in welche die Blätter zunächst geschoben und danach mittels einer integrierten Schere abgeschnitten werden. Man setzt dieses Verfahren besonders während der Haupterntezeit ein, wenn sehr viel Blattgut zur Verfügung steht.

Bei der maschinellen oder halb automatischen Pflückung kommen allerdings nicht nur unbrauchbare Blätter mit in die Produktion, sondern die Blätter werden größtenteils schon angeschnitten, was eine umgehende Fermentation mit extremen Qualitätsverlusten zur Folge hat. Bei der Pflückung per Hand passiert das nicht. Die Pflückerinnen können sofort zwischen guten, brauchbaren und schlechten, unbrauchbaren Blättern differenzieren und die nutzlosen aussortieren. Zweimal täglich – und zwar mittags und abends – bringen sie die Teeblätter zu einer Sammelstelle zur Weiterverarbeitung zu schwarzem Tee. Dort werden die Blätter gewogen, um einerseits den entsprechenden Lohn zu errechnen und andererseits die Qualität des Blattgutes zu beurteilen. Danach werden sie in Säcke verpackt und sofort zur Fabrik gebracht.

Anlieferung der Teeblätter in Taiwan

In bis zu 20 Meter langen und 1,5 bis 2 Meter breiten Welktrögen werden die Blätter auf einem Drahtgitter zum Trocknen ausgelegt. Mittels eines Ventilators wird von einer Seite frische Luft hineingeblasen. Die circa zehn Zentimeter hoch geschichteten Teeblätter werden mehrfach von Arbeitskräften per Hand gewendet. Dabei ist es besonders wichtig, dass die Blätter nicht aneinanderkleben und gleichmäßig trocknen. Die Blätter verbleiben witterungsabhängig bis zu 24 Stunden in den Welktrögen, bevor sie zur weiteren Verarbeitung freigegeben werden, sei es zur orthodoxen Teeherstellung oder zur maschinellen CTC-Produktion. Für beide Herstellungsarten ist es jedoch unerlässlich, dass die Blätter außen trocken, innen aber immer noch feucht, geschmeidig und nur leicht angewelkt sind.

Teepflückmaschine in Kenia

Die Teeblätter zur Grünteeherstellung in China, Japan, Taiwan und bedingt auch in Vietnam werden bereits innerhalb einer Stunde nach dem Pflücken in kleinen Mengen zur Fabrik gebracht und dort in den meisten Fällen auf bastartigen Horden zum Trocknen ausgelegt.

In Georgien, einigen Gebieten Chinas und Kenia ist man mittlerweile dazu übergegangen, mitunter auch Teepflückmaschinen einzusetzen. Mit sogenannten Harvestern fährt man über die Sträucher, schneidet diese ab und wirft sie mittels eines Gebläses in dahinter hängende Leinensäcke. Der Vorteil dieser Methode liegt klar auf der Hand: weniger Arbeitskräfte, somit niedrigere Kosten, aber eine hohe Ertragsmenge.

Bei der Herstellung von Aufgussbeuteltees ist gegen diese Methode wenig einzuwenden, da die Blätter ohnehin im Laufe des Verarbeitungsprozesses zerkleinert werden. Allerdings sollte bei der Erzeugung von guten Blatt- und Broken-Tees auf Pflückmaschinen verzichtet werden, da das Blattgut ansonsten unkontrolliert, teilweise stark beschädigt und gemeinsam mit Wildkräutern zur weiteren Verarbeitung gelangt.

Teeplantagen und -fabriken

Teeplantagen weisen keine einheitliche Größe auf. In Darjeeling umfasst die Fläche der Plantagen im Durchschnitt 200 bis 400 Hektar mit einem Jahresertrag von 70 bis 450 Tonnen, im Flachland Assams bis zu 800 Hektar mit einem Ertrag von bis zu 800 Tonnen und in Kenia oder Tansania sogar bis zu 4000 Hektar mit einem Jahresergebnis von knapp 4000 Tonnen fertigem Tee.

Besonders in China und Vietnam, aber auch in Kenia und Tansania existieren unzählige kleine bäuerliche Familienbetriebe, die Teepflanzen zum Teil auf höchst abenteuerliche Weise anbauen, pflegen und ernten. In Kenia etwa gibt es Teebäume mit rund geschnittenen Kronen, Kugelakazien ähnlich, die vier bis sechs Meter hoch gewachsen sind. Die Stufen der Leitern, die benötigt werden, um Teeblätter überhaupt pflücken zu können, sind lediglich mit einem grasartigen Bast an die krummen Holme gebunden. Im Norden Vietnams werden die Zweige der hochgewachsenen Teebäume mit Absicht ausgedünnt, um das Pflücken zu erleichtern. In Abständen von einem Meter befindet sich jeweils ein dicker Ast, der bei der Ernte genügend Halt bietet.

Für gewöhnlich gehört zu einer Teeplantage ein Dorf mit 1000 bis 2000 Bewohnern, die mehr oder minder von der Plantage abhängig sind. Fest beschäftigt ist davon meist nur die Hälfte der Einwohner, während die andere Hälfte indirekt als lokale Kaufleute, Fuhrunternehmer, Handwerker oder als Familienmitglied mit der Plantage in Verbindung steht. In Gegenden wie beispielsweise in Japan, Taiwan, China oder Darjeeling, in denen der Tee nur für einen gewissen Zeitraum gedeiht und geerntet werden kann, werden die Arbeitskräfte auch nur in der Erntezeit bezahlt.

Teeplantage und -fabrik in China

Teefabrik in Sri Lanka

Besonders in Afrika ist die Fluktuation der Arbeitskräfte sehr groß. Kaum eine Plantage kann sich auf einen festen Stamm verlassen, da in vielen Regionen die Menschen nur so lange bei der Tee-Ernte mitarbeiten, bis sie sich einen bestimmten Wunsch verwirklichen, sich beispielsweise ein Fahrrad, ein Radio oder Ähnliches leisten können. Dann kehren sie in ihr Dorf zurück und sind oft für die nächsten Wochen nicht mehr verfügbar.

Die Pflückerinnen werden nach Leistung, also nach dem Gewicht der abgelieferten Teeblätter bezahlt. Abstriche gibt es für schlecht gepflückte Blattqualitäten. Die Pflückerinnen erhalten während der Arbeitszeit mindestens ein warmes Essen, das direkt auf den Teefeldern zubereitet wird und an dem auch die Kinder teilnehmen. Wobei die Kinder ihre Mütter lediglich begleiten, Kinderarbeit gibt es weder bei der Ernte noch bei der Teeherstellung in den Fabriken.

Vielmehr sorgt man dafür, dass es den Pflückerinnen und Arbeitern nicht an der Befriedigung von Grundbedürfnissen mangelt. In Südindien und Tansania stellt man den Familien kleine Gärten zur Verfügung, in denen sie für den eigenen Bedarf Gemüse anbauen und Ackerbau betreiben dürfen. Zudem haben viele Teegärten in den vergangenen Jahren neben einer Schule, in China und Afrika mitunter auch Kindergärten, entweder eine gut funktionierende Krankenstation oder sogar ein Hospital eingerichtet.

In den Fabriken hält immer mehr die Digitalisierung Einzug. Zwar gibt es in Indonesien nach wie vor Fabriken mit nahezu 1000 Mitarbeitern, aber auch solche, in denen alles vollautomatisch vonstattengeht und nur einzelne wenige Arbeiter den Ablauf kontrollieren müssen. Die Mehrzahl der japanischen Fabriken wird ebenfalls nur noch von Computern gesteuert. Ein Mitarbeiter ist zuständig für die Anlieferung, er prüft die Qualität der grünen Blätter und stellt das angelieferte Gewicht fest. Danach erfolgt der gesamte Ablauf computergesteuert und unter Kamerabeobachtung. Zum Ende des Herstellungsprozesses notiert dann ein anderer Mitarbeiter das Gewicht der fertig gepackten Teesäcke und lagert diese umgehend in einem Kühlraum ein.

Teeherstellung

Orthodoxe Herstellung schwarzer Tees

Sobald die dickfleischigen Teeblätter welk und etwas schlaff geworden sind und sich ledrig anfühlen, beginnt die umfangreiche maschinelle Verarbeitung.

Zunächst werden die Blätter dünn geschichtet auf den Rollmaschinentisch gelegt. Auf einer großen, runden metallischen Fläche mit einigen fest installierten Unebenheiten kreist ein schwerer Zylinder und durchwalkt die Blätter. Dabei brechen diese und somit auch die Blattzellen auf und die Zellsäfte beginnen unter Einwirkung des Sauerstoffes in der Luft zu oxidieren. Durch den kreisenden Zylinder wird der Druck auf die Blätter geregelt.

Die beste Zeit für die Verarbeitung ist nachts ab 2 Uhr bis zum frühen Morgen, da die Blätter nicht warm oder gar heiß werden dürfen. Nur so bekommt man einen guten und lang haltbaren Tee. Aus diesem Grund werden am Tag kaum oder selten Blätter gerollt. Die Wärme der Sonne würde sich negativ auf die Qualität des Blattgutes auswirken.

Rollmaschine

Nach einem etwa 12- bis 15-minütigen Rollen wird das Blattgut in einen sogenannten Ballbreaker gegeben, eine Rüttel- und Siebmaschine, die vorsichtig die feuchte und klebrige Teemasse von Klumpen befreit und so für die Fermentation ein homogenes, gleichmäßiges Blattgut vorbereitet. Danach wird der bereits zum Fermentieren fertige Tee in einer Siebung von jenem Teil separiert, der nochmals in die Rollmaschine muss. Man spricht dabei von erstem Dhool, zweitem Dhool etc.

In Sri Lanka setzt man bereits nach dem ersten Rollen eine Maschine ein, die das unfertige Blattgut langsam in gleich große Stücke schneidet. Bei Verwendung dieses sogenannten Rotorvane-Rollers können allerdings keine Blattgrade mehr erzielt werden, sondern nur noch Broken-, Fannings- und Dustgrade.
Das erste Rollen, dessen Dauer vom Manager vorgegeben und von einem Arbeiter kontrolliert wird, bestimmt, welche Blattgrade man später gewinnt – je stärker und länger das Rollen durchgeführt wird, desto feiner werden die Blätter zerkleinert und desto höher ist der Anteil an Broken- und Aufgussbeuteltees.

Danach wird die fertig gerollte Blattmasse in einem kühlen Raum für ein bis zwei Stunden dünn ausgelegt. Es ist wichtig, dass der Sauerstoff gleichmäßig an alle Blätter gelangt. Temperatur und Geruch des Blattgutes werden ständig überprüft. Während der Fermentation wechselt die Blattfarbe von Grün zu Kupferbraun. Je länger dieser Prozess andauert, desto dunkler und kräftiger wird später die Tassenfarbe des aufgebrühten Tees.

Heraussuchen von Blattspitzen oder „Stalks" in Indien

Sortierung

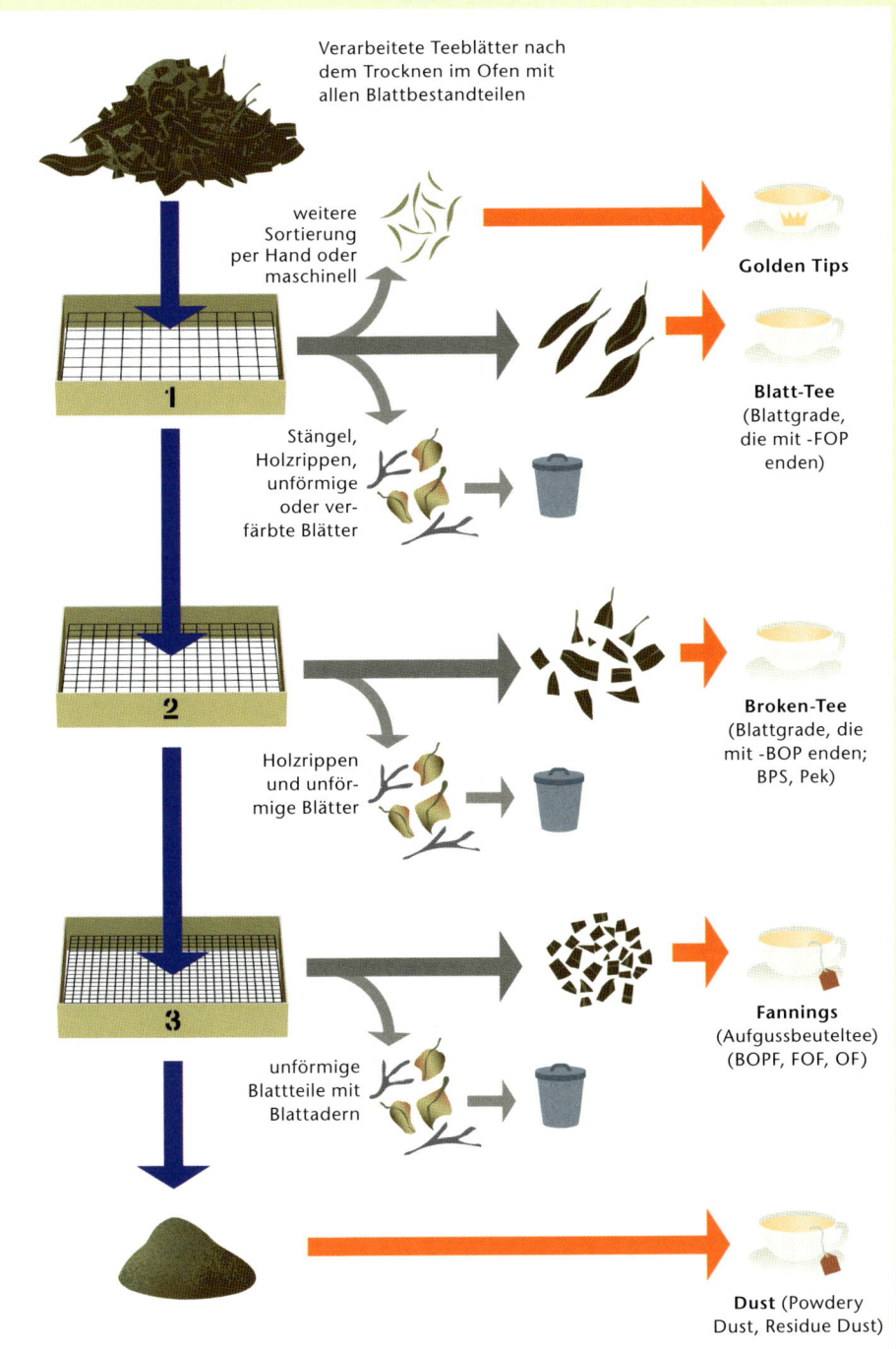

Nach maximal zwei Stunden bricht man den Fermentationsvorgang ab und gibt das Blattgut zum Trocknen in einen großen Ofen. In hintereinanderliegenden kleinen Kästen durchläuft es dort mehrere Hitzezonen. Nach 18 Minuten kommt erstmals der fertige, allerdings noch ungesiebte, nicht sortierte und mit Stalks versehene schwarze Tee zum Vorschein. Die Trocknung bewirkt, dass die während der Fermentation gebildeten Farb-, Geschmacks- und Geruchsstoffe an die Blätter andocken. Dieser Dryer-Mouth-Tee duftet jedoch kaum. Bevor nun der Siebprozess beginnt, müssen die Blätter zunächst deutlich abkühlen.

Anschließend werden bis zu 21 unterschiedliche Siebungen durchgeführt, bei denen alle Blattgrade vom Blatt- (OP = Orange Pekoe / GFOP = Golden Flowery Orange Pekoe) bis zum Dust-Tee (D) sortiert werden. Mittels elektrostatisch aufgeladener Sortiermaschinen werden sich immer noch in den Blättern befindlichen Stalks, Blattrippen oder Stängel herausgesucht. In China und Südindien separieren nach wie vor Frauen in mühevoller Handarbeit die groben Stängel. In Japan verwendet man für diesen Zweck häufig vollautomatische Fotozellensiebmaschinen.

Der fertige schwarze Tee entfaltet seinen typischen Duft erst nach einigen Tagen, wenn die Hitze des Trockners vollständig abgezogen ist.

In den Teefabriken werden die einzelnen Blattgrade in entsprechende Sammelbehälter gefüllt und verbleiben dort so lange, bis eine Partie – man spricht hier von einer Invoice – bereit ist zum Versand in ein Lagerhaus und dort zur weiteren Disposition. Außerhalb Chinas umfasst eine Partie meist mindestens 100 Kilogramm, selten aber mehr als zehn Tonnen. In Darjeeling und Assam gilt meist die Ernte eines Tages und eines bestimmten Feldes oder Gebietes als eine Partie. Diesen Partien werden dann laufende Nummern, die Invoicenummern, zugeteilt, durch die der Tee dann unverwechselbar ist.

Orthodoxe Herstellung

Die Pflückerinnen bringen ihre Ernte zur Sammelstelle, wo die Teeblätter gewogen und einer Qualitätskontrolle unterzogen werden.

Qualitativ gute Teeblätter werden in Welktrögen zum Trocknen aufgelegt. Meist sind diese Welktröge durch Ventilatoren belüftet.

Die leicht angewelkten Blätter werden von sogenannten Rotorvane-Maschinen in gleich große Teile zerschnitten und anschließend in Rollmaschinen unter Druck aufgebrochen. Unter Einwirkung von Sauerstoff in der Luft beginnen die Zellsäfte zu oxidieren.

Nach dem etwa 12- bis 15-minütigen Rollen wird das Blattgut in einer Rüttel- und Siebmaschine, dem Ballbreaker, von jeglichen Klumpen befreit. Die Grobsortierung, das Rollen der unfertigen Teeblätter sowie das Auflösen der Klumpen werden so oft – teilweise bis zu vier Mal – wiederholt, bis ein gleichmäßiges Blattgut enstanden ist.

Danach erfolgt die Fermentation. Die Blätter werden zum Fermentieren in einen eigens dafür vorgesehenen Raum circa 5 bis 7 cm hoch geschichtet ausgelegt, damit der Sauerstoff auch möglichst alle Blattzellen und Blattsäfte erreichen kann.

Nach etwa ein bis zwei Stunden und der Prüfung von Temperatur und Duft des Blattgutes wird dieses in einen Trockenofen gegeben. Der Trockenvorgang läuft in zwei Ebenen ab und dauert 18 Minuten. Die Anfangstemperatur beträgt circa 115° C, die Austrittstemperatur nur mehr etwa 85° C.

Dann wird das getrocknete Blattgut auf einem Mischplatz zum Erkalten ausgelegt.

Der deutlich abgekühlte Tee kann nun zur Siebung gelangen. In elektrostatisch aufgeladenen Sortiermaschinen werden etwaige Stalks, Blattrippen oder Stängel entfernt, um reinen Tee zu erhalten.

Der fertige Tee wird nun in Sammelbehälter gefüllt und ist bereit zum Transport.

Maschinelle Herstellung schwarzer Tees

Im Gegensatz zur orthodoxen Teeherstellung erzielt man bei der maschinellen nur wenige Blattgrade – vorrangig kleinblättrige Tees und Blattgrade, die auch für die Teebeutelproduktion geeignet sind.

Die bekannteste und geläufigste maschinelle Methode ist die CTC-Herstellung. „CTC" steht für Crushing (Zerquetschen), Tearing (Zerreißen) und Curling (Rollen). Die nach der ersten Trocknung leicht angewelkten Teeblätter fallen von oben in zwei gegeneinanderlaufende Metallwalzen, auf denen sich ein scharfkantiges Wabengeflecht befindet. Beim Hineinfallen in diese Walzen werden die Blätter zerdrückt (Crushing), direkt zwischen den Walzen vom Wabengeflecht zerrissen (Tearing) und beim Heraustreten aus den Walzen bekommen die dadurch entstandenen zerkleinerten Blattteile durch die runde Walzenform eine leichte Drehung (Curling).

Das für diese Methode verwendete Blattgut kann ohne Weiteres maschinell gepflückt worden sein, also auch größere und ältere Blätter oder Stalks beinhalten, da alles unter Druck schnell zerkleinert wird. Um ein gleichmäßiges Resultat zu erreichen, werden drei bis vier dieser Maschinen hintereinandergeschaltet, sodass am Ende das Blattgut eine fast einheitliche Größe besitzt. Danach wird der Ballbreaker zum Entfernen der sich immer wieder bildenden Klumpen eingesetzt.

Zur Beschleunigung der Fermentation wird bereits während der CTC-Herstellung häufig frische, kühle Luft in das Blattgut geblasen. Trotzdem muss das feuchte Blattgut nochmals in einen dafür vorgesehenen Fermentationsraum gegeben werden, bevor die Blätter zum Trocknen in einen Ofen gelangen.

Das Ergebnis dieser schnellen Produktionsart sind zwei bis maximal drei unterschiedliche Blattgrößen, davon 80 Prozent PF (Pekoe Fannings) für die Aufgussbeutelproduktion und 20 Prozent Dustgrade.

Da weltweit bereits 70 bis 80 Prozent der Tees in Aufgussbeuteln konsumiert werden und gerade während der Monate des Monsunregens die großen Erntemengen schnell verarbeitet werden müssen, wird diese Produktionsart immer häufiger durchgeführt, vor allem in Indien, Bangladesch, Kenia und Tansania.

In den englischsprachigen Nationen wird der Tee fast immer mit Milch und Zucker getrunken. Dafür eignen sich besonders CTC-Tees, da sie aufgrund ihrer Herstellungsart zwar kaum noch einen feinen, aromatischen Duft, dafür aber einen sehr kräftigen, würzigen Geschmack besitzen. Sie zeichnen sich durch ihre dunkle Tassenfarbe aus, und in Aufgussbeuteln zubereitet färben sie außerdem das Wasser deutlich kräftiger und dunkler als der orthodox hergestellte Tee.

Teeprobe auf einer Plantage

Aus einem Kilogramm Dust-Tee der CTC-Herstellung erhält man gut 1000 bis 1300 Tassen fertiges Teegetränk, aus einem Kilogramm orthodox hergestelltem Blatt-Tee knapp 600, beim Broken-Tee etwa 700 Tassen.

Es werden immer wieder neue Methoden entwickelt, um Tee maschinell zuzubereiten. Einige Jahre lang wurde beispielsweise in vielen Regionen eine sogenannte LTP-Produktion durchgeführt. LTP steht für Lawrie Tea Processor, eine Maschine, die zur Zerkleinerung für Kräuter oder auch als Kaffeemühle eingesetzt wird. Mittels eines schnell laufenden, rotierenden Messers werden die Teeblätter zerkleinert, an den Wandungen der Maschine wieder nach oben getrieben und danach durch Trombenbildung immer wieder durch das Messer zerschnitten. Der große Nachteil dieser Methode liegt darin, dass die Blätter sehr schnell warm oder gar heiß werden und der fertige Tee sein Aroma kaum länger als sechs Monate behält.

In einigen Gebieten kamen auch Tabakschneidemaschinen, sogenannte Leg Cutting Maschinen, zur Anwendung. Der Tee beginnt bei dieser Herstellungsmethode jedoch sehr früh zu fermentieren, was zu einem etwas säuerlichen Geschmack führt.

Keine dieser Alternativen scheint das Nonplusultra zu sein, weshalb man immer wieder zu den mittlerweile traditionellen CTC-Maschinen zurückkehrt.

CTC-Herstellung

Die Pflückerinnen oder Privatpflanzer bringen ihre Ernte in die Fabriken, wo die Teeblätter gewogen und einer Qualitätskontrolle unterzogen werden. Die Anlieferung beginnt um 10 Uhr vormittags. Die qualitativ guten Teeblätter werden zu den Welktrögen befördert und darin zum Trocknen verteilt – circa 18 kg/h.

Die leicht angewelkten, gewogenen Blätter gelangen über ein Fließband zur Rotorvane-Maschine, wo unregelmäßig große Blattteile geschnitten und egalisiert werden. Dieses Blattgut kommt dann in den CTC-Cutter. Meist sind vier schnell laufende Geräte hintereinandergeschaltet.

Mehrfach durchlaufen die Teeblätter einen Ballbreaker, wo vorhandene Klumpen aufgelöst werden. Danach werden die Teeblätter in großen Schüsseln zum Trocknen gebracht. Auf kleinen Schüben durchlaufen sie in zwei Ebenen den Trocknungsofen bei einer Anfangs- und Innentemperatur von etwa 100°C und einem Feuchtigkeitsgehalt von 2,2 bis 2,5 Prozent. Die Austrittstemperatur beträgt 85°C.

Ein Holz- und Blattrippenextraktor mit bis zu zwölf hintereinandergelegenen, elektrostatisch aufgeladenen Rollen sortiert anschließend Blattrippen aus. Im Anschluss durchläuft das Blattgut diverse Rüttel- und Sortiermaschinen, damit wirklich alle unfermentierten Klumpen, Holzstückchen und Stängel entfernt werden. Über Fließbänder gelangt das Blattgut in Sortiermaschinen. Dort wird zunächst eine Grobsortierung in Broken-, Fannings- und Dust-Tees vorgenommen. Erst danach erfolgt die Siebung in PF- (= Pekoe Fannings) und Fannings-Tees.

In sogenannten Windsichtern wird die Trennung von Dust-Tees und Fibres (Blattrippen) vorgenommen und anschließend in Vorratsbehälter für PF- und Dust-Tees, des Weiteren in Dust1, PD (= Pekoe Dust) und BP (= Broken Pekoe) sortiert. Entsprechend der Sortierung werden die Tees aus den Vorratsbehältern zum Transport in Säcke verpackt.

Teeplantage in China

Grüntee-Ernte bei den Hmong in Nordvietnam

Herstellung grüner Tees

Die Teeblätter für die Herstellung des grünen Tees werden in erster Linie per Hand gepflückt. Lediglich in Japan, einigen Gebieten Formosas, in Vietnam und bei preiswerten Sorten auch in Südindien kommen maschinelle Pflückgeräte zum Einsatz. Eine Pflückung per Hand ist notwendig, da nur ausgesuchte und gleichmäßig groß gewachsene Blätter für grünen Tee verwendet werden dürfen. Das Blattgut stammt vorrangig von der Thea sinensis.

Für einen qualitativ hochwertigen grünen Tee müssen die Blätter möglichst innerhalb einer Stunde nach dem Ernten blanchiert werden. In Japan wird dies mit heißem Wasserdampf gemacht. Die Blätter rieseln etwa 20 bis 22 Sekunden durch eine Dampfwolke, wobei jene Enzyme eliminiert werden, die maßgeblich für die Entstehung von schwarzem Tee sind.

In China wird das Blanchieren häufig noch manuell durchgeführt. Hierzu werden gusseiserne Töpfe oder große Pfannen, die sich sehr schnell erhitzen, auf offenes Feuer gestellt. Die frischen, grünen Blätter sollen dann darin einen Augenblick im eigenen Saft schmoren, sodass auch bei dieser Methode die Enzyme vernichtet werden, die für den schwarzen Tee maßgeblich sind. Mittlerweile gibt es bereits entsprechende Maschinen, in denen dieser Vorgang durchgeführt wird. Der Vorteil besteht darin, dass nahezu alle Vitamine, Spurenelemente sowie Koffein im Tee erhalten bleiben. Beim schwarzen Tee bauen sich diese bereits durch die lange Vorbereitungs- und Trocknungszeit erheblich ab. Wissenswert ist, dass grüner und weißer Tee bis zu viermal so viel Koffein beinhalten wie schwarzer Tee. Bei der späteren Zubereitung und Dosierung wird das allerdings wieder ein wenig relativiert.

Nachdem der Tee blanchiert wurde, wird er entsprechend des gewünschten Endergebnisses weiterverarbeitet. Bestimmte Sorten werden gepresst und gelangen als Sencha, Lung Ching oder Ding Gu Da Fang in den Handel. In Japan werden die Teeblätter durch langsam rotierende, mit Leder bezogene, schuhartige Formen an die runden und warmen Wandungen des Trockners gedrückt, wodurch dann die sorgsame Trocknung und die Pressung zum typischen Senchablatt gleichermaßen vollzogen werden.

Zur Herstellung von Gunpowder werden die Blätter in metallische Schüsseln, die innenseitig mit knopfgroßen Unebenheiten oder circa 0,5 bis 1 cm breiten, geschwungenen Streifen ausgestattet sind, gefüllt und erwärmt. Ein Klöppel, der durch die Schüssel rollt, drückt die Blätter über diese Unebenheiten, wodurch sich ihr Aussehen verändert. Das gleichzeitige Trocknen bewirkt ein Zusammenziehen der Blätter, was zu ihrer kugeligen Form führt.

Im Norden Vietnams setzt man diese schüsselartigen Maschinen ein, um die Blätter etwas zu rollen, sodass sie geschmeidig werden, bevor man sie auf großen Leinenhorden im Freien – niemals aber im Sonnenschein – trocknet.

Herstellung grüner Tees

Nach der meist händischen Ernte der Teeblätter werden diese binnen einer Stunde in die Fabriken transportiert und dort ausgebreitet, um Stalks, Stängel und Blattrippen auszusortieren und die Blätter gegebenenfalls zu säubern.

In Pfannen oder Töpfen aus Gusseisen, in Krügen oder Trommeln werden die Teeblätter unter heißem Dampf erhitzt.

Daraufhin erfolgen das Rollen und gleichzeitige Antrocknen der Blätter, bevor diese zur Trocknung in den Ofen gelangen.

Anschließend werden die Teeblätter per Hand mithilfe von Sieben sortiert und von übrig gebliebenen Stalks und Stängeln befreit.

Nach einem weiteren Trocknungsvorgang wird der fertige grüne Tee verpackt.

Rollmaschine für die Herstellung von grünem Tee in China

In Familienbetrieben werden diese Rollmaschinen handbetrieben, in größeren Fabriken mit elektrischen Motoren. Zum endgültigen Trocknen breitet man die grünen Blätter auf Bast- oder Bambushorden auf, die dann übereinandergestellt in Regalen gelagert werden. Bei sehr feuchter Witterung bedient man sich auf den Teeplantagen in China auch eines Trocknungsofens.

Bei der Herstellung guter grüner Tees werden die geernteten Blätter mit größter Sorgfalt behandelt. Es wird penibel genau darauf geachtet, dass das Blanchieren der Blätter umgehend nach dem Pflücken erfolgt und die Blätter sehr vorsichtig bearbeitet werden. Werden die Blätter nämlich zu stark gequetscht oder gedrückt oder wird das Rollen zu lange oder zu intensiv durchgeführt, besitzen diese Broken- oder gar Aufgussbeutelqualitäten. Solche Sortierungen sind in China, Japan, Taiwan und auch Vietnam gänzlich unerwünscht und erzielen keine guten Preise auf dem heimischen Teemarkt. In Japan wird grundsätzlich jeder neue Tee mit vorhandenen oder mit anderen gerade hergestellten Tees gemischt, bevor er in den Verkauf gelangt. Der Tee wird nach jedem Mischen auch nochmals neu gesiebt, meist mit elektronischen Siebvorrichtungen, bei denen Teeblatt für Teeblatt in ein kleines Labyrinth von Fotozellen fällt. Dabei werden die Blätter zunächst nach der Farbe, dann nach Länge und Größe geordnet. Danach werden Stängel und nicht homogene Blätter aussortiert und zum Schluss nochmals etwaige Staubteile separiert. Die kleinen Blattteile werden zu einem pulverartigen Brei gemahlen, der anschließend mit einem Bindemittel vermischt wird. Diese Masse wird durch stecknadelgroße Düsen zu kleinen Teeblättern gepresst, die als Kokeicha-Tee in den Verkauf gelangen.

Blattgrade

Bei der Gewinnung der einzelnen Blattgrade muss man zwischen der Herstellung von grünen und schwarzen Tees unterscheiden. Beim schwarzen Tee werden die verschiedenen Blattgrößen vorrangig durch das Rollen der Teeblätter nach der Ernte bestimmt. Je weniger die Blätter dem Druck durch das Rollen ausgesetzt werden, desto höher ist der Ertrag an großen Blatt-Tees. Längeres und intensiveres Rollen der Blätter und die Einsetzung von Rotorvane- oder CTC-Maschinen führen zur Gewinnung von Broken- oder Aufgussbeuteltees. Die verschiedenen Größen werden am Ende der Teeherstellung, also nach dem Trocknen im Ofen, ausschließlich durch Siebungen gewonnen. Ein aufwendiges Siebverfahren trennt den fertigen Tee in bis zu 21 unterschiedliche Blattgrade.
Für den Konsumenten sind eigentlich nur vier verschiedene Blattgrößen zur Beurteilung des Tees notwendig: Blatt-Tee, Broken-Tee, Fannings- oder Aufgussbeuteltee und Dust-Tee.

Blatt-Tees

Blatt-Tees sind leicht im Aufguss, zart im Geschmack und besitzen daher auch häufig ein feines Aroma. Sie werden hauptsächlich lose in Teespezialgeschäften verkauft und meist sogar mit der Hand abgewogen, da ein maschinelles Abpacken kaum möglich ist. Die Ziehzeit kann bis zu drei Minuten, bei ausgesuchten Tees sogar fünf Minuten betragen. Blatt-Tees sollten mit einem leicht gehäuften Teelöffel Blätter pro Tasse dosiert werden.

Broken-Tees

Broken-Tees zeichnen sich durch eine schnelle Färbung des Wassers und einen sehr kräftigen Geschmack aus. Der Grund dafür ist, dass die Kraft- oder Gerbstoffe die feinen Aromen sehr schnell überdecken. Deshalb sollten Broken-Tees möglichst nicht länger als zwei Minuten ziehen – sie werden sonst herb und bitter. Meist reicht sogar bereits eine Minute aus. Wer Milch oder Sahne und etwas Zucker in seinem Tee mag, sollte auf diese Gradierung zurückgreifen.
Broken-Tees gibt es in einigen Teespezialgeschäften, man findet diesen Tee aber auch in fertigen 100- und 250-Gramm-Packungen in den Regalen der Supermärkte und Kaufläden. Ein gestrichener Teelöffel Blätter pro Tasse reicht aus.

Blattgrade OP, BOP, BOPF und Dust

Teeprobe der unterschiedlichen Blattgrade

Fannings- oder Aufgussbeuteltees

Diese Tees sind im Handel selten lose zu kaufen. Die stark zerkleinerten Teeblätter werden im deutschsprachigen Raum hauptsächlich in Aufgussbeuteln verwendet. Die Anforderungen der Teebeuteltrinker sind dann erfüllt, wenn der Tee schnell färbt und mit Milch, Zucker oder Zitrone schmeckt. Aufgussbeuteltees bestechen selten durch ein feines Aroma, einen zarten Duft oder Geschmack. Das Aroma geht bereits zum Großteil bei der Herstellung verloren, und der Geschmack muss sich gegen das Filterpapier des Beutels durchsetzen, was leider oft nicht gelingt.

Fannings-Tees geben ihre Farbe recht schnell ab, da das Wasser die kleinen Blattpartikel hervorragend auslaugen kann. Eine Dosierung ist nicht notwendig, da sie fast ausschließlich fertig portioniert in Aufgussbeuteln angeboten werden.

Dust-Tees

Dust-Tees sind bei uns kaum im Handel erhältlich. In England hingegen ist es eine gebräuchliche Sortierung, in Indien und Pakistan sogar der populärste Tee. Kleinste ausgesiebte Blattteile finden hier Verwendung und man benötigt nur wenige Körner für eine Tasse Tee. Dieser ist sofort trinkbereit und wird vorwiegend mit Milch und Zucker angeboten.

Grundsätzlich gilt: Je kleiner die Struktur des Teeblattes ist, desto kräftiger schmeckt das zubereitete Getränk. Möchte man einen leichten, blumigen und zarten Tee mit einem schönen Duft und einem guten Aroma genießen, sollte man Blatt-Tees auswählen. Bevorzugt man hingegen eher kräftigere Tees, Muntermacher oder Early Morning Tees sollte man auf die Broken-Sortierungen zurückgreifen – sie benötigen nur eine kurze Ziehzeit und lassen sich gut mit Zusätzen wie Milch, Zucker und Zitrone kombinieren.

Aufgussbeutel sind Fast Food! Nichts gegen einen Burger, aber alles zu seiner Zeit. Im Büro, in der Praxis oder auch unterwegs eine ideale Lösung – einen richtigen Teegenuss darf man bei diesen Qualitäten aber nicht erwarten.

Von Dust-Tees ist abzuraten. Sie sind häufig sehr bitter, und das allgemein in den Teegeschäften verfügbare Equipment zur Teezubereitung ist für diesen Aufguss kaum geeignet.

Blattbezeichnungen

Die Blattbezeichnung sagt noch nichts über die Qualität oder den Preis des Tees aus. Man findet verschiedene Bezeichnungen auf den Paketen, die nachfolgend näher ausgeführt werden sollen. Die allgemein üblichste Bezeichnung „FTGFOP1" bedeutet übersetzt: Finest Tippy Golden Flowery Orange Pekoe der 1. Aussiebung.

- **Finest:** Jeder Teegartenbesitzer kann seinen Tee, egal zu welchem Zeitpunkt er hergestellt wird, als feinsten Tee bezeichnen – Regeln oder Einschränkungen gibt es nicht.

- **Tippy:** Grundsätzlich sollten feine goldene Blattspitzen in diesem Tee vorhanden sein. Schaut man sich aber die ersten First-Flush-Tees an, betrachtet man die Spätsommer- oder gar Herbsttees, wird man kaum etwas davon finden – auch hier sind Tür und Tor für eigene Bezeichnungen ohne Einschränkungen geöffnet.

- **Golden:** Damit bezeichnet man die feinen Blattspitzen der Sommerernte, sofern diese vorhanden sind und eine sorgfältige Verarbeitung der grünen Teeblätter durchgeführt wurde.

- **Flowery:** Die Fantasie der Teegartenmanager ist häufig sehr groß. Auch hier gilt: Generell kann jeder Tee als blumig benannt werden.

- **Orange:** Dieser Ausdruck hat nichts mit Orangen gemein. Mitte des 18. Jahrhunderts gab es in Holland eine Teemischung, die aus den eigenen Kolonien importiert wurde und im Land sehr gern getrunken wurde. Man verlieh dieser Teesorte den Namen des Königshauses Oranien: Orantje Pekoe. Nicht nur in den Niederlanden, sondern ganz besonders auch in England fand dieser Tee sehr viele Liebhaber. Aus dem Wort „Orantje" machten die Engländer aufgrund der Einfachheit der Aussprache dann „Orange".

- **Pekoe:** Dieser Ausdruck bedeutet Blatt.

- **Nr. 1:** Das steht für die erste und feinste Aussiebung. Eine zweite Aussiebung gibt es auf den Plantagen schon seit etwa 50 Jahren nicht mehr.

- Sollte sich irgendwo in diesem Kürzel ein „B" verstecken – zum Beispiel „GFBOP" oder „FBOP" –, handelt es sich um einen Broken-Tee.

- Steht am Ende ein „F", ist es ein Fannings- oder Aufgussbeuteltee.

Es sei nochmals kurz darauf hingewiesen, dass weder die Anzahl der verwendeten Buchstaben noch deren Reihenfolge in irgendeiner Weise Rückschlüsse auf die Qualität oder den Preis zulassen!

Bezeichnungen der Blatt-Tees

- **GT**
  Golden Tips bezeichnen sehr große, goldene Blattspitzen, eine Besonderheit, die nur noch in wenigen Regionen hergestellt wird. In China und Südindien werden die golden Tips meist per Hand aus dem Tee gelesen. In Assam wirft man grobe Blatt-Tees auf ein großes Leinentuch. Die Tips sind umhüllt von feinem Flaum, der sich im Tuch verfängt und per Hand abgesammelt wird. Geschmacklich ist der Tee meist sehr weich, dezent und mild und stellt zum Teil das Schwarzteegegenstück zum weißen Tee dar.

- **SFTGFOP1**
  Special Finest Tippy Golden Flowery Orange Pekoe 1: beste Aussiebung der Teeherstellung mit einheitlich großem Blatt. Ein leichter, blumiger Tee, der ganzjährig vorrangig in Darjeeling, Assam, Terai, Dooars, Nilgiri und Nepal hergestellt wird.

- **TGFOP1**
  Tippy Golden Flowery Orange Pekoe 1: So werden in Nepal, Assam und Südindien die Blatt-Tees bezeichnet. Auch einige ausgesuchte Darjeeling-Teegärten verwenden diesen Ausdruck.

- **GFOP**
  Golden Flowery Orange Pekoe: Diese Bezeichnung findet man gelegentlich bei Assam-Tee, in Bangladesch und Nepal, neuerdings aber auch wieder in wenigen Teegärten Kenias und Tansanias.

- **FOP**
  Flowery Orange Pekoe: Benennung einiger Blatt-Tees in Assam, Südindien, Bangladesch, Nepal, Vietnam, China, Indonesien und wenigen Gärten Sri Lankas

- **OPsup**
  Orange Pekoe superior: ausgefallene, feine und zarte Tees Indonesiens

- **OP**
  Orange Pekoe: So werden einfache, ordentliche Blätter ohne viele Stalks in Argentinien, Brasilien, Indonesien, Sri Lanka, Südindien, Georgien und der Türkei bezeichnet.

Bezeichnungen der Broken-Tees

- **BOP1**
  Broken Orange Pekoe 1: Grobaussiebung, eine spezielle Blattsortierung der Lowgrown Anbaugebiete Sri Lankas – auch als „semi-leaf" angeführt

- **Pek**
  Pekoe: besondere Bezeichnung für speziell in Sri Lanka hergestellte, grobe Blattteile, aber auch gebräuchlich in Kenia, Tansania, Vietnam und Südindien

- **BOPgrof**
  Broken Orange Pekoe grob: indonesische Bezeichnung für Pekoe

- **BPS**
  Broken Pekoe Souchong: grobe, leicht kugelige Blätter aus Assam und Darjeeling

- **FTGFBOP1**
  Finest Tippy Golden Flowery Broken Orange Pekoe: Bezeichnung der feinsten Brokengrade in Darjeeling, Assam, Terai, Dooars und Nepal

- **TGFBOP1**
  Tippy Golden Flowery Broken Orange Pekoe: sehr häufige Broken-Bezeichnung in Assam, Terai und Dooars

- **GFBOP**
  Golden Flowery Broken Orange Pekoe: in Assam gröbere Broken-Tees mit vielen Tips, in Kenia eher einem BOPF ähnelnd, also kleiner in der Blattstruktur

- **GBOP**
  Golden Broken Orange Pekoe: kleinblättriger Broken-Tee, meist aus Assam, Dooars, Terai sowie aus Yunnan / China

- **BOP**
  Broken Orange Pekoe: bekannt aus Sri Lanka, China, Südindien, Kenia, Tansania, Indonesien, Türkei, Argentinien und Brasilien

- **BP**
  Broken Pekoe: vorwiegend aus Indonesien; im Aussehen den Blatt-Tees sehr ähnlich, in der Struktur aber deutlich kleiner

- **BT**
  Broken Tea: Off-Grade aus Indonesien

Links: Assam-Blatt-Tee

Bezeichnungen der Fannings-Tees

- **FBOPF1**
  Flowery Broken Orange Pekoe Fannings 1: Spezialbezeichnung ausgesuchter Tippy Lowgrown Ceylon-Tees mit einem sehr groben und unregelmäßigen Blatt

- **BOPF**
  Broken Orange Pekoe Fannings: Hauptblattgrade der orthodoxen Teeproduktionen in Indonesien, Sri Lanka, Südindien, China, Argentinien, Brasilien und der Türkei

- **TGOF**
  Tippy Golden Orange Fannings: vorrangig aus Darjeeling, Assam und Nepal

- **FOF**
  Flowery Orange Fannings: Bezeichnung der orthodoxen Fannings aus Assam und Dooars

- **OF**
  Orange Fannings: Die kleinblättrigen Fannings-Aussiebungen aus Darjeeling, Assam, Südamerika und Südafrika werden so benannt.

- **PF**
  Pekoe Fannings: So werden in Indonesien die Aufgussbeutelgradierungen angeführt.

- **Off-Grades**
  Aussiebungen, die nicht dem normalen Standard entsprechen, sondern häufig sogar sehr viele Blattrippen, Stalks und unregelmäßig große Blattteile beinhalten. Dieser preiswerte Tee findet häufig Verwendung für Instant-Tee oder zur Extraktion von beispielsweise Koffein.

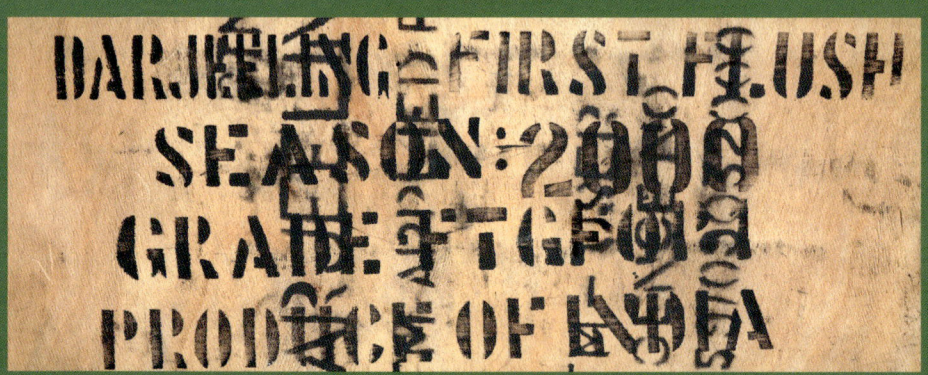

Bezeichnungen der Dust-Tees

- **PD**
  Pekoe Dust: bezeichnet die Topgrade der Dustproduktion; einheitliches Korn; sehr kräftig

- **PD1**
  Pekoe Dust 1: weitere Aussiebung

- **Dust 1, Dust 2, Dust 3**
  Dust 1., 2. beziehungsweise 3. Aussiebung

- **PD 2**
  Pekoe Dust, 2. Aussiebung

- **RD**
  Residue Dust: feinste Aussiebung; Sammlung der Dust-Reste wie etwa von Fluff (Teestaub)

CTC-Blattgradbezeichnungen

- **BP1**
  Broken Pekoe 1: gleichmäßiger, maschinell hergestellter Broken-Tee

- **BP**
  Broken Pekoe: unregelmäßiger, meist gröberer Broken-Tee

- **BOP**
  Broken Orange Pekoe: Broken-Tee mit kleiner Blattstruktur

- **BT / BP2**
  Broken Tea, Broken Pekoe, 2. Aussiebung: Off-Grades-Broken-Tee mit Stalks und Fibres (Holzteilchen, Blattrippen)

- **PF / PF1**
  Pekoe Fannings 1: Hauptgrad der CTC-Produktion; gleichmäßiges Korn

- **FP / FP1**
  Flowery Pekoe: Sammlung der groben Off-Grades; gemischter Tee

- **BMF**
  Broken Mixed Fannings: mit Blattrippen durchsetzter Fannings-Tee

Blattbezeichnungen des grünen Tees

Die Blattbezeichnungen bei grünem Tee sind vollkommen unterschiedlich zu denen der schwarzen Teesorten. Im deutschsprachigen Raum sind vorwiegend folgende Bezeichnungen im Handel gebräuchlich:

- **Sencha:** langes gerades, grünes und meist auch flach gepresstes Blatt

- **Gunpowder:** kugeliges grünes Blatt; im Handel gelegentlich bekannt als Pinhead Gunpowder (nadelkopffeine grüne Blattkörner), Halfgunpowder (grobe Kugeln, teilweise leicht geöffnet) oder Young Hyson (feiner Gunpowder der Frühjahrsernte)

- **Chun Mee:** zartes, kurzes grünes Blatt

- **Sow Mee:** grobes, unregelmäßiges grünes Blatt

- **Gyokuro:** zartes, nadelförmiges, tiefgrünes Blatt

- **Bancha:** sehr grobes, langes Blatt mit vielen Stalks (Stängeln)

- **Hojicha:** gerösteter Grüntee

- **Kukicha:** Blattrippen und Stängel; zum Teil hervorragende Qualitäten im Frühling

- **Kokeicha:** mit Teestaub, Fannings und Zusätzen versehener gepresster Blatt-Tee

- **Genmaicha:** mit Reis oder Puffmais gemischter Grüntee

- **Matcha:** pulverisierte Grünteeblätter; dient als Tee der japanischen Teezeremonie, wird aber in unseren Breiten häufig zum Kochen verwendet

Die weiteren Blattbezeichnungen lehnen sich an die jeweilige Herkunft, also an die Anbaugebiete an. Zum Beispiel gibt es Lung Ching Tee nur in langer, flach gepresster Blattform. Der Yong Xi Huo Qing ist ein sehr kleiner, kugeliger Tee mit einem wunderbaren Orchideenblütenduft und erinnert an Pinhead Gunpowder. Der Tai Ping Hou Kui hingegen zeichnet sich beispielsweise durch ein zwei bis drei Zentimeter langes jadegrünes Blatt aus.

Halb fermentierter Tee

Halb fermentierter Oolong-Tee

Halb fermentierter Tee ist eine Besonderheit, die hauptsächlich in Taiwan (vormals Formosa) hergestellt wird. Grundsätzlich liegt dieser sogenannte Oolong-Tee zwischen grünem und schwarzem Tee.

Nach dem Pflücken werden die Teeblätter zunächst unter freiem Himmel auf großen Leinentüchern zum Trocknen ausgelegt. Bei allen Lufttrocknungen wird besonderer Wert darauf gelegt, dass die Blätter nicht im prallen Sonnenlicht liegen, da dies die Inhalts- und Geschmacksstoffe stark beeinträchtigen würde.

Nach einem leichten, vorsichtigen Rollen der Teeblätter in der Maschine, nur so lange, bis diese weich und geschmeidig sind, legt man sie erneut auf Leinentüchern aus, dieses Mal zum Fermentieren. Dieser organische Prozess beginnt an den Blatträndern oder an den Stellen, wo die Blätter geschnitten oder gebrochen wurden. Die Blattfarbe wechselt zuerst von Grün zu Braun. Wenn die Zellsäfte entsprechend weit oxidiert sind, wird das Fermentieren abgebrochen und die Blätter werden unter relativ hoher Hitze in einem Ofen getrocknet. Die herrschenden Temperaturen, denen die Blätter jedoch nur kurz ausgesetzt sind, gehen bis zu 230°C. Durch das starke Erhitzen können halb fermentierte Tees einen leicht brotigen Geschmack und Geruch bekommen.

Rollmaschine in einer Teefabrik in China

Gute Qualitäten erkennt man an der offenen, unregelmäßigen und groben Blattstruktur sowie an einigen silbrigen Tips mit sehr viel silbrigem Flaum. Einige Blätter davon sollten an den Rändern braun und nach innen hin grün sein. Aufgebrüht schimmern die Blätter kupferbraun. Für diese Spitzenqualitäten werden die Blätter per Hand eingesammelt im Gegensatz zu einfacheren Qualitäten, wo die Blätter meist maschinell gepflückt werden. Diese einfacheren Tees weisen eine gleichmäßige Blattstruktur und wie die aufgebrühten Blätter eine fast schwarze Farbe auf. Halb fermentierte Tees sind sehr lange haltbar.

Weißer Tee

In China werden die Tees nicht nach ihrer Blattfarbe, sondern nach der Farbe des aufgebrühten Tees benannt. Weißer Tee färbt das Wasser kaum und sollte möglichst immer aus der frischen Ernte stammen. Wenn die Blätter beim Aufbrühen nicht absinken, sondern obenauf schwimmen, kann es sich um eine ältere Partie Tee handeln. Jedoch Vorsicht: Weißer Tee sollte mindestens acht bis zehn Minuten ziehen und nur mit abgekochtem, aber leicht abgekühltem Wasser aufgebrüht werden. Eine längere Ziehzeit stellt kein Problem dar, da weißer Tee nicht bitter wird.

Beim weißen Tee unterscheidet man grundsätzlich zwischen zwei Arten:

1. Pai Mu Tan Tees stammen von einer Teepflanze, die vor sehr langer Zeit aus der Thea sinensis gezüchtet wurde. Die großen, von silbrigem Flaum umhüllten Blätter werden mehrmals im Jahr handgepflückt und luftgetrocknet. Die erste Pflückung nach der winterlichen Ruhezeit im März oder April ist die feinste und beste Ernte,

Weißer Tee

die Quantität des geernteten Blattgutes ist jedoch meist sehr gering. Für diese Tees werden in Hongkong und anderen Zentren Chinas Höchstpreise bezahlt, weshalb sie kaum in den Export gelangen. Die bei uns erhältlichen weißen Tees stammen aus der Mai-Ernte. Man erkennt sie am hellgrünen Blatt und am silbrigen Flaum. Je mehr silbriger Flaum vorhanden ist, desto feiner ist der Tee. Im Juni und Juli finden zwei weitere Ernten statt, wobei Letztere eher geringwertiges Blattgut hervorbringt. Dies ist an der dunkelgrünen, teils sogar beigen bis dunkelbräunlichen Blattfarbe, an einigen Stalks und einem kleinen Unterblatt ersichtlich.

2. Die andere Variante des weißen Tees wird nur aus noch nicht entfalteten Blattknospen hergestellt. Von den für den grünen Tee geernteten „two leaves and a bud", also zwei bereits aufgegangenen Blättern und einer Blattspitze, werden nur die Blattspitzen verwendet. Für die Herstellung eines Kilogramms dieses feinen Tees benötigt man 20.000 bis 22.000 Blattspitzen – der besondere Wert dieses Tees lässt sich bereits erahnen. Die Buds werden nicht gerollt, sondern nur zum Trocknen auf Horden ausgelegt. Stellt man sogenannte „White Needles"

Weißer Tee wird vom grünen getrennt, Blattrippen und Stängel werden aussortiert

oder „Silver Needles" her, werden diese kurz in einem Ofen getrocknet, damit die Struktur des Blattes fest und steif wird.

Weiße Tees findet man im Handel häufig auch als Jasmintees. Sie sind typische „Wellness-Tees" und beinhalten, vor allem wenn sie aus der Frühlingsernte stammen, sehr viel Koffein: Bis zu 5 Prozent konnten nachgewiesen werden.

In China werden weißem Tee auch starke homöopathische Wirkungen zugeschrieben, weshalb er bei fiebrigen Erkältungen oder sogar bei grippalen Infekten in regelmäßigen Dosierungen verschrieben wird.

Gelber Tee

Dieser Tee stellt eine Seltenheit dar. Bei gelbem Tee handelt es sich um einen grünen Tee, der durch die Aktivität der Enzyme zum schwarzen Tee mutiert, also zwar die Inhaltsstoffe des grünen Tees aufweist, aber dezent nach schwarzem Tee schmeckt. Es gibt nur wenige Sorten und auch nur sehr wenige Experten, die diesen Tee richtig herstellen können. Die Infusionen, also die aufgebrühten Blattrückstände, schimmern leicht kupferartig und die Tassenfarbe ist grünlich braun. Einige der bekannteren gelben Tees stammen aus Anhui in Zentralchina.

Pu-Erh-Tee

Bei diesem Tee handelt es sich um eine ursprünglich in der Region Yunnan, im Süden Chinas, hergestellte Spezialität. Pu-Erh-Tee gelangt in zwei Varianten auf den Markt: zum einen als gepresster Tee, zum anderen als lose Ware. Seinen Namen verdankt der Tee einer gleichnamigen Stadt im Zentrum Yunnans, in den Bergen des Himalajas. Man begann hier schon vor Hunderten von Jahren, die

Teeblätter für die in die Mongolei oder nach Sibirien ziehenden Karawanen zu Ziegeln zu pressen. An den Abenden wurden dann einige Brocken abgebrochen und in das kochende Wasser in über dem offenen Feuer hängende Kesseltöpfe gegeben. Ursprünglich wurden diese Ziegel oder „Bricks" sogar mit Ochsenblut gepresst – es war also ein sehr nahrhaftes Getränk. Mittlerweile werden diese Bricks mit kunstvollen Verzierungen hergestellt und vorrangig an Touristen als Souvenir verkauft.

Die Herstellung des Pu-Erh-Tees ist relativ einfach, aber langwierig. Die Blattqualität spielt dabei eine völlig untergeordnete Rolle. Es können fast alle Blätter verwendet werden, auch sehr große und sogar ältere. Die Teeblätter werden in einem möglichst gekachelten Raum der Teefabrik bis zu einem Meter hoch geschichtet ausgelegt und danach regelmäßig mit etwas kaltem Wasser besprenkelt oder begossen. Dabei beginnen die innen und unten liegenden Blätter zu gären. Einmal wöchentlich werden die Teeblätter umgeschichtet. Die Reifezeit beträgt insgesamt etwa sechs Wochen. Nach einer anschließenden sehr heißen Trocknung ist der Tee fertig. Zuletzt werden durch Siebungen die einzelnen Blattgrade hergestellt, obwohl auch hier recht großzügig vorgegangen wird.

Pu-Erh-Tee schmeckt immer erdig, sogar fast etwas schimmelig. Die Blätter können mehrfach aufgebrüht werden, bis zu sechs Aufgüsse sind ohne Qualitätsverlust möglich. Grundsätzlich unterscheidet man drei Arten: schwarzen, grünen und dunkelgrünen Pu-Erh-Tee. Die Tassenfarbe des schwarzen Pu-Erh-Tees variiert, abhängig von der Qualität, von Dunkelbraun bis Dunkelrot. Je rötlicher und klarer sie ist, desto besser schmeckt der Tee. Im deutschsprachigen Raum ist vor allem der grüne Tuo Cha sehr bekannt.

Je älter der Pu-Erh-Tee ist, desto ausgereifter sind seine Inhaltsstoffe. In China, Hongkong, Taiwan, Japan und auch in Kalifornien werden Pu-Erh-Tees nach Jahrgängen gehandelt. Als Brick gepresst und in Seidenpapier gewickelt, wird der Tee in Regalen oder Metallschränken über Jahre hinweg aufbewahrt. Das Seidenpapier ist aufwendig verziert und mit einer Jahreszahl versehen. Für 20 bis 30 Jahre alte Bricks mit einem Gewicht von 300 Gramm werden bis zu 150 US-Dollar bezahlt – für ältere Tees sogar bis zu 1000 Dollar pro Brick.

Bei Pu-Erh-Tees muss man besonders auf die Qualität achten, da die Qualitätsunterschiede mitunter erheblich sein können. Ein Blick auf die trockenen Blätter gibt Aufschluss: Je größer, gröber und bunter die Blätter sind, desto geringer ist die Qualität. Gute Pu-Erh-Tees haben ein relativ kleines rötliches Blatt mit wenigen Holzstängeln.

Des Weiteren werden dem Pu-Erh-Tee sehr große gesundheitliche Wirkungen nachgesagt. Um das Jahr 2000 wurde dieser Tee zum Beispiel in nahezu jeder Zeitung als Mittel zur Körpergewichtsabnahme angepriesen.

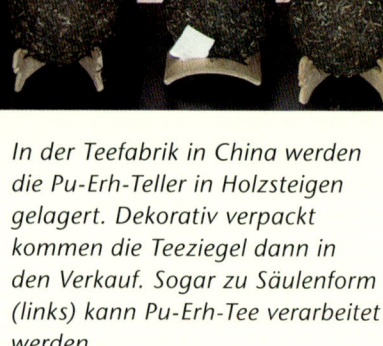

In der Teefabrik in China werden die Pu-Erh-Teller in Holzsteigen gelagert. Dekorativ verpackt kommen die Teeziegel dann in den Verkauf. Sogar zu Säulenform (links) kann Pu-Erh-Tee verarbeitet werden.

Rechte Seite: Die reich verzierten Pu-Erh-Bricks werden heute vor allem an Touristen verkauft.

Aromatisierte Tees

Das zusätzliche Aromatisieren von Teeblättern hat schon eine sehr lange Tradition, deren Ursprung in China zu finden ist. Einerseits wollte man aufgrund der schlechten Wasserqualität in Peking und Schanghai mehr Geschmack bekommen, andererseits wurden so auch überalterte Tees wieder frisch gemacht und anschließend verkauft.

Zum Aromatisieren gab es dafür unterschiedliche Methoden: Es wurden beispielsweise frisch gepflückte Blüten in den Tee gelegt oder ätherische Öle in den Tee gesprüht.

Sehr bekannt sind Jasmin-, Magnolien-, Chrysanthemen-, Rosen- oder Osmanthusblütentees. Der Jasmintee ist in vielen Varianten erhältlich. Je feiner die Qualität der verwendeten Blätter ist, desto feiner ist der Tee auch im Geschmack. Für weiße Jasmintees und für ausgesuchte Blattspitzen der Frühlingsernte werden Höchstpreise bezahlt.

Die Herstellung des Jasmintees ist sehr aufwendig. Zunächst werden die Blätter zum grünen Tee verarbeitet und sorgsam, möglichst sogar luftdicht bis zur Ernte der Jasminblüten Mitte Juni / Anfang Juli aufbewahrt. Die Jasminblütenernte findet händisch statt. Die Blüten sind tagsüber geschlossen und öffnen sich nachts. Dabei strömt dann der zarte, weiche und blumige Duft aus.

Blühender Jasmin in China

Herstellung des Jasmintees: ausgelegter grüner Tee; Heraussuchen der Insekten aus den Jasminblüten

Der Tee wird circa fünf Zentimeter hoch auf dem Fliesenboden in der Fabrik ausgelegt und anschließend üppig mit frischen Jasminblüten bedeckt. Die Blüten bleiben bis zum nächsten Abend auf dem Tee. Da Jasminblüten 24 Stunden nach dem Öffnen keinen Duft mehr besitzen, werden sie meist per Hand, gelegentlich aber auch schon maschinell wieder eingesammelt. Danach wird der Tee erneut mit frischen Blüten bedeckt. Diese Prozedur wird etwa sieben Tage lang durchgeführt, bis der Tee intensiv nach Jasminblüten duftet. Je feiner die Qualität des Tees werden soll, desto mehr Jasminblüten müssen verwendet werden und desto öfter wird dieser Vorgang wiederholt. Lediglich in sehr preiswerte, einfache Jasmintees werden anschließend die trockenen Blüten wieder hineingegeben, um so über die schlechte Qualität des Tees hinwegzutäuschen. In qualitativ hochwertigen Jasmintees kann man hingegen bestenfalls einige Blütenblätterreste entdecken.

Aufgrund der Tatsache, dass die Jasminblüten tagsüber geschlossen sind und sich erst abends öffnen, nutzen sehr viele nachtaktive Insekten diese als sicheren Schlafplatz. Auf zwei Arten können Insekten im Tee verhindert werden: Früher spritzte man entsprechende Mittel in die Blüten, um die kleinen Nachtschwärmer zu vernichten. Mittlerweile suchen auf umsichtig handelnden Plantagen die Pflückerinnen abends, wenn sich die Blüten langsam öffnen, die Insekten per Hand heraus.

Die Herstellung der Magnolien-, Chrysanthemen- oder Osmanthusblütentees verlaufen ähnlich, wobei diese Blüten nicht so duftintensiv sind wie Jasminblüten.

Der grüne Tee wird mit frischen Jasminblüten dicht bedeckt.

Bekannt und beliebt ist auch der Rosenblütentee. Hierzu werden Rosenblütenblätter in den schwarzen Tee gegeben, teilweise auch geringe Mengen eines Rosenblütenaromas.

Der Rauchtee – Tarry Lapsang Souchong – ist eine seit langer Zeit bekannte chinesische Spezialität. Dieser Tee verdankt sein Dasein den Segelschiffen: Feinere, ausgesuchte Sorten wurden für den langen Transport nach Europa in Kisten verpackt und diese dann nochmals mit Blei ummantelt, damit kein fremder Geruch dem Tee etwas anhaben konnte. Einfachere Sorten – Spätsommertees wie zum Beispiel Panyong Congou – wurden nur in kräftigen Holzkisten im Laderaum der Segelschiffe verstaut. Damit in die Laderäume kein Seewasser eindringen konnte, wurden die Wände mit Teer ausgespachtelt. Der frische Teergeruch drang natürlich in die Teekisten ein und kontaminierte den Tee, was am Ende einer dreimonatigen Schiffsreise zu einem leicht rauchigen Tee führte. Es war eine böse Überraschung, als die ersten Teekisten in sogenannten Eisenschiffen in Europa, meist in England oder den Niederlanden, eintrafen: Der rauchige Charakter war nicht mehr vorhanden.

Seit damals wird der rauchige Geschmack direkt in China hergestellt. Ausgesuchte Tees, meist aus der Ernte der Monate Juli und August, werden in großen Netzen über abgebrannte, aber noch heiße und rauchende Holzkohle aus Zedernholz gehängt. Die Wände des Meilers (Ofens) werden dabei gut abgedeckt, nur nach oben hin wird dieser offen gelassen, damit der Rauch abziehen kann. Der Vorgang dauert mehrere Tage.

In Taiwan wird mit dem gleichen Effekt ein rauchiges Aroma in den Tee gesprüht. Diese Tees dürfen allerdings laut Lebensmittelverordnung in der Europäischen Union nicht verkauft werden.

Die meisten der sich im Handel befindlichen Teesorten werden im europäischen Raum von den Importeuren oder Großhändlern selbst aromatisiert. „Aromatisieren" bedeutet, dass Duft- und Geschmacksstoffe dem Tee zusätzlich beigefügt werden – meist werden sogar Aromaessenzen oder Aromaöle in den Tee gesprüht. Mittlerweile kennt man bis zu 100 unterschiedliche natürliche, naturidentische und künstliche Aromen. Natürliche Aromen gibt es nur sehr wenige und diese sind entsprechend teuer, da sie aus den Produkten selbst gewonnen werden, also zum Beispiel Orangenaroma aus Orangen, Zitronenaroma aus Zitronen und so weiter.

Die Mehrzahl der Aromen ist naturidentisch, das heißt, sie werden aus unterschiedlichen Hilfsstoffen, die des Öfteren auch natürlich sein können, zusammengestellt. Auf den Packungen muss lediglich deklariert werden, dass ein Aroma verwendet wurde. Viele naturidentische Aromen basieren auf Palmöl, einem Nussöl. Dieses Öl kann aber bei starken Witterungsschwankungen – etwa im Frühling oder Herbst – ranzig werden. Sahnearomen sowie die in der Aufgussbeutelindustrie verwendeten Aromen aus Kapseln sind alle naturidentisch. Sie werden unter den Tee gemischt und lösen sich beim Aufbrühen mit heißem Wasser auf, wobei sie ihren Geschmack an das Getränk abgeben.

Aromatisierte Teesorten – egal ob schwarzer, grüner, Früchte- oder Rooibostee – sollten möglichst immer frisch aromatisiert worden sein. Besonders die natürlichen Aromen verfliegen relativ schnell und halten kaum länger als ein halbes Jahr.

In vielen aromatisierten Teesorten befinden sich zusätzlich Blätter, Fruchtstücke, Schalen, Blüten oder gar Stängel, die selten Auswirkungen auf den Geschmack haben, sondern hauptsächlich der Optik dienen. Hinzugegebene Gewürze können den Geschmack des Tees aber sehr wohl beeinflussen und verändern.

Nur in den seltensten Fällen werden zum Aromatisieren feinste Teequalitäten verwendet. Im deutschsprachigen Raum ist der Earl Grey Tee, der mit der Essenz der Bergamotte, einer birnenartigen Zitrusfrucht, aromatisiert wird, der bekannteste aromatisierte Tee. Da natürliche Essenzen relativ schnell verfliegen, setzt man häufig naturidentische Aromen ein. Aufschluss darüber geben die Kennzeichnungen auf den Teeverpackungen.

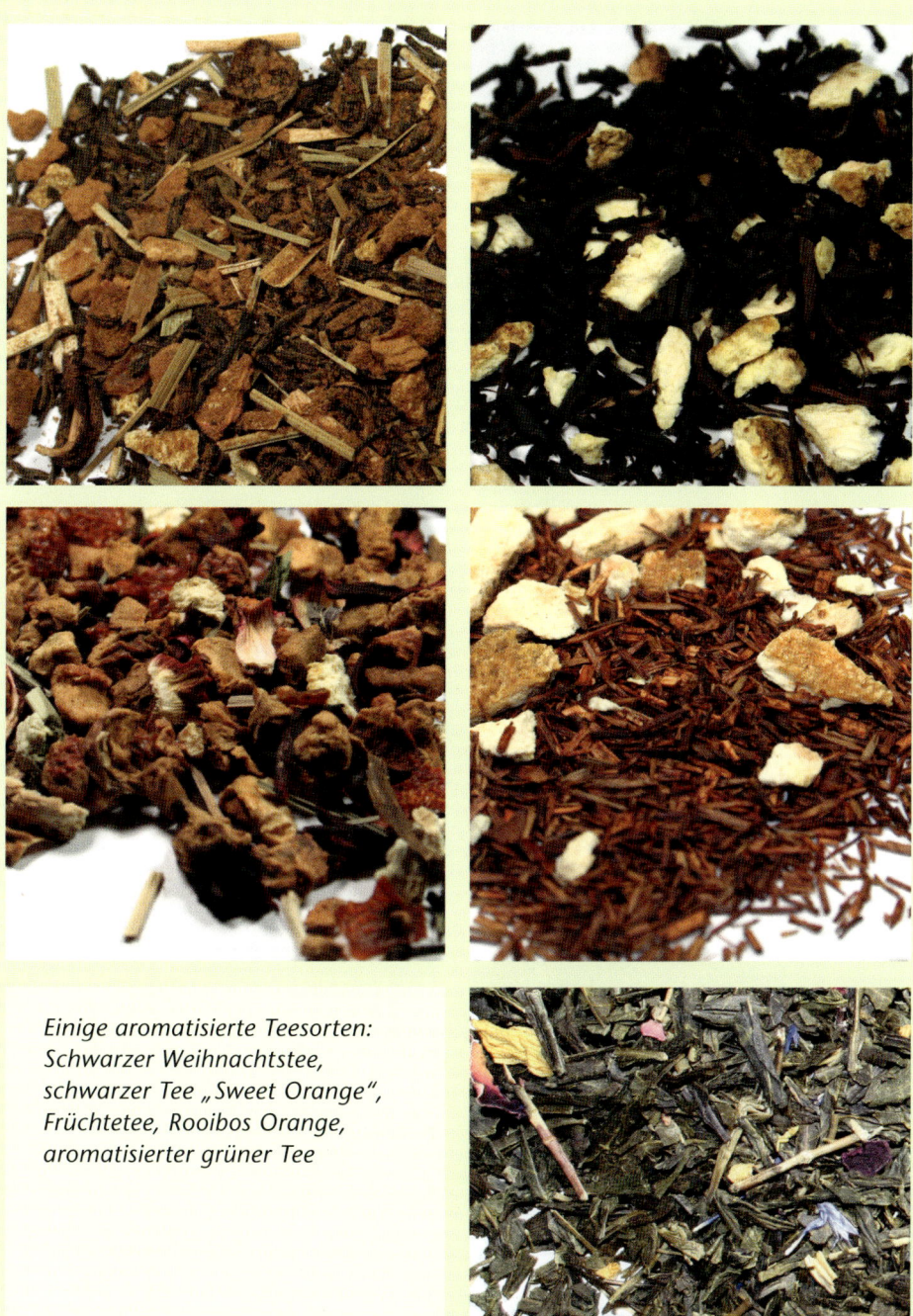

Einige aromatisierte Teesorten: Schwarzer Weihnachtstee, schwarzer Tee „Sweet Orange", Früchtetee, Rooibos Orange, aromatisierter grüner Tee

Tee selbst aromatisieren leicht gemacht

Die einfachste Möglichkeit, den Geschmack eines Tees zu verändern, ist das Mischen zweier Sorten. Dabei sollte unbedingt darauf geachtet werden, dass die Geschmacksrichtungen miteinander harmonieren.

Der Earl Grey Tee passt beispielsweise sehr gut zum Darjeeling, bevorzugt zu First-Flush-Darjeeling. Der Second-Flush-Darjeeling harmoniert wunderbar mit einigen Blättern Rauch- oder Rosenblütentee. Zum kräftigen, würzigen Assam wäre das Vanillearoma geradezu ideal – entweder einige Tropfen Vanilleessenz aus einer Kapsel oder einem Glas hinzufügen oder eine ganze frische Vanilleschote in den Tee legen.

Für die frischen und fruchtigen Ceylon-Tees eignen sich Zitrusaromen wie Zitrone oder Orange hervorragend. Bei grünem Tee ist man mit einigen Blättern Zitronengras gut beraten.

Empfehlenswert ist auch der Geschmack von frischer Minze in schwarzem Tee. Einfach ein bis zwei Blätter frische Minze beim Servieren in den aufgebrühten Tee legen, fertig. Im Nahen Osten und in Nordafrika wird diese dekorative und geschmacklich wunderbar erfrischende Kombination gern getrunken. Als schwarze Tees bieten sich Assam oder Lowgrown Ceylon-Tee an. Letzterer ist bei türkischen Lebensmittelhändlern erhältlich und meist mit „Ceylon OPA" ausgezeichnet.

Beim Mischen des Grundtees mit aromatisiertem Tee ist folgende Vorgehensweise zu empfehlen:

Starten Sie beim Zubereiten Ihres Tees mit ¾ der üblichen Menge Ihrer Sorte – je nach Vorliebe schwarzer, grüner, Rooibos- oder Früchtetee – und geben Sie ¼ der aromatisierten Teeblätter hinzu. Zu schwierig? Keineswegs! Für eine Kanne mit einem Liter Inhalt für etwa sechs Tassen Tee nehmen Sie drei gehäufte Teelöffel Blätter der Grundsorte und einen gehäuften Teelöffel des bereits aromatisierten Tees. Bei sehr intensiv aromatisierten Sorten reicht auch ein gestrichener Teelöffel. Wenn sich das Aroma nicht deutlich genug herausschmecken lässt oder zu intensiv ist, erhöhen oder reduzieren Sie die Menge dementsprechend.

Eine andere Variante wäre, dass Sie die Aromen zum Beispiel im Fachhandel oder im Reformhaus kaufen und in den Tee hineinträufeln. Wenige Tropfen reichen für die Zubereitung einer Kanne Tee vollkommen aus. Beim Kauf des Aromas ist es sehr wichtig, auf die Frische, also auf das Haltbarkeitsdatum zu achten.

Links: Genmaicha – japanischer Grüntee mit gerösteten und teilweise gepoppten Reiskörnern

Teemischungen – Blends

Warum wird Tee überhaupt gemischt? Dieser Vorgang ist notwendig, um eine bestimmte Menge Tee zu egalisieren oder um eine besondere Geschmacksrichtung zu kreieren.

Homogene Teemischung

Tee wächst in den unterschiedlichsten Lagen: im Flachland, im Hochgebirge, an felsigen Hängen und im Urwald, woraus verschiedene genetische Zusammensetzungen der Teepflanzen resultieren. Um nur aus einem Feld oder einem Bezirk eine einheitliche Qualität zu erhalten, muss der geerntete und fertiggestellte Tee erst durchgemischt werden. Denn Regen bläht das Volumen der Blätter auf, Trockenheit lässt diese stark schrumpfen.

Die industrielle Anforderung der Tee-Abpackbetriebe ist daher, eine homogene Mischung zum Abfüllen zu bekommen. Volumenschwankungen darf es innerhalb des Abpackvorganges einer Mischung nicht geben. Sonst würden einige Pakete vielleicht nur zu 80 Prozent gefüllt sein, bei anderen hingegen würde man die Packung nicht mehr schließen können, weil der Tee zu leicht und das Volumen somit zu hoch wäre.

Ebenso verhält es sich mit den Aufgussbeuteln. Es muss penibel genau auf ein einheitliches Volumen geachtet werden, da sonst die Möglichkeit besteht, dass ein oder zwei Beutel nicht mehr in die Faltschachtel hineinpassen beziehungsweise dass diese sich sogar ausdehnt. Im weiteren Verlauf kann eine solche Schachtel dann nicht mehr zellophaniert werden und passt in der Folge auch nicht in die standardisierten Versandkartons.

Besondere Geschmacksrichtungen

Durch das Vermischen unterschiedlicher Komponenten können besondere Geschmacksrichtungen erreicht werden wie die bekannte englische Mischung oder der Ostfriesentee.

Eine englische Mischung besteht zu zwei Dritteln aus Ceylon-Tee und zu einem Drittel aus Assam-Tee. Die Engländer lieben kräftigen, dunkel färbenden Tee wie Assam-Tee mit einer frischen, zitrusartigen Note, wie sie Ceylon-Tee besitzt. Beide Sorten eignen sich hervorragend zum Trinken mit Milch und Zucker und geben ihren Geschmack sehr schnell ab, was den Zubereitungsmethoden der

Engländer entgegenkommt. Mittlerweile werden auf der Insel auch gerne afrikanische Tees getrunken, die beide Geschmacksrichtungen beinhalten.

Die typische ostfriesische Mischung besteht aus etwa 80 Prozent Assam- und 20 Prozent Ceylon-Tee oder Tee aus Indonesien. Der Assam-Tee ist ideal für das weiche, moorige Regenwasser Ostfrieslands, der Ceylon-Tee oder Tee aus Indonesien mildert etwas den Geschmack und macht die Mischung obendrein preisgünstiger. Wo wir beim heiklen Thema des Mischens angelangt sind: Selten wird die Qualität eines Tees durch Mischen deutlich verbessert, es sei denn, man betrachtet es sozusagen „seitenverkehrt". Die Mehrzahl der Mischungen wird durchgeführt, um einen günstigeren Einstandspreis für den Tee zu erreichen.

Teetrinker können Mischungen an unterschiedlichen Merkmalen erkennen wie etwa am kleinen Unterblatt. Wenn Sie sich bezüglich der Originalität eines Tees unsicher sind, legen Sie drei bis vier Esslöffel Teeblätter auf weißes Papier und schütteln Sie diesen etwas hin und her. Das kleine, eingemischte Blattgut fällt dabei nach unten, die groben Blätter bleiben oben liegen. Ist die Anzahl der kleinen Blätter im Verhältnis zur Gesamtmenge relativ hoch, handeln es sich mit ziemlicher Sicherheit um eine Mischung. Eine weitere Bestätigung erhalten Sie, wenn Sie die Infusion, also die Blattrückstände des aufgebrühten Tees, betrachten. Unterschiede in Farbe und Größe weisen auf eine Mischung hin.

Nach den deutschen Gesetzen darf man eine Mischung nach dem Hauptbestandteil der für die Mischung verwendeten Komponenten benennen. Werden also beispielsweise 51 Prozent Darjeeling mit 49 Prozent Ceylon-Tee gemischt, ist es erlaubt, diese Mischung als Darjeeling zu bezeichnen. Wird diese Mischung an ein anderes Unternehmen verkauft, ist es dieser Firma wiederum gestattet, 41 Prozent der Mischung zu verwenden und zum Beispiel 30 Prozent Ceylon- und 29 Prozent Assam-Tee hinzuzumischen und das Ergebnis dann wiederum als Darjeeling anzuführen.

Es gibt keine bindenden, festgelegten Regeln für die Zusammensetzung einer Teemischung. Gerade bei Bezeichnungen wie „English Breakfast Blend" oder auch „Ostfriesentee" können alle Teesorten ohne Einschränkungen verwendet werden. Theoretisch kann ein preiswerter Tee aus China mit einem noch preiswerteren Tee aus Vietnam gemischt werden und unter den Bezeichnungen „English Breakfast" oder „Ostfriesentee" im Handel angeboten werden.

Herrliche Blends für zu Hause

Auf einfachste Weise können Sie zu Hause Mischungen herstellen. Die nachfolgenden Tipps beziehen sich auf die Zubereitung von etwa sechs Tassen oder einem Liter Tee:

Eine gute russische Mischung erhalten Sie, wenn Sie zu vier Teelöffeln Second-Flush-Darjeeling je einen gestrichenen Teelöffel Keemun aus China und einen gestrichenen Teelöffel Tarry Lapsang Souchong (Rauchtee) geben.

Wunderbar mild, zart und blumig wird der Earl Grey, wenn Sie ihn zur Hälfte mit Darjeeling – bevorzugt First-Flush-Darjeeling – mischen.

Wenn Ihnen Ihr Darjeeling zu leicht ist, mischen Sie einfach zu drei bis vier Teelöffeln Darjeeling-Tee einen Teelöffel Assam-Tee hinzu. Dadurch wird der Tee etwas kräftiger und dunkler in der Tassenfarbe.

Um Ihren Darjeeling aromatischer, blumiger und zarter im Geschmack zu gestalten, geben Sie auf drei Teelöffel First- oder Second-Flush-Darjeeling einen Teelöffel Top Superior Fancy Finest Formosa Oolong.

Etwas zarter und weniger herb wird der Second-Flush-Darjeeling, wenn Sie bis zu ein Drittel Ceylon Highland Tea daruntermischen – also zu drei Teelöffeln Darjeeling geben Sie einen Teelöffel Ceylon. Der Darjeeling-Charakter bleibt meist erhalten.

Das Probenzimmer

Das Muster- oder Probenzimmer ist das Herz einer guten Teefirma. Hier läuft alles zusammen: Einkauf, Überwachung der lagernden Partien, Mischen, Aromatisieren und Verkauf. Ein Probenzimmer sollte das Fenster immer zum Norden hin ausgerichtet haben, da Nordlicht das natürlichste Licht ist. Fremde Düfte, Gerüche oder Aromen sollten sich in diesem Raum nicht verbreiten. In der Speicherstadt Hamburgs, dem Zentrum des europäischen Teehandels, sah man hinter vielen Glasscheiben besonders vormittags die Herren beim Probieren. Die Auktionsmuster aus Kalkutta, Colombo, der Hauptstadt Sri Lankas, und Kochi in Südindien wurden wöchentlich präsentiert, Hunderte von kleinen, runden, handbeschrifteten Dosen so den Händlern vorgelegt. Während der Erntezeiten des Tees wurden täglich zwischen 200 und 300 Tassen Tee probiert und beurteilt.

Bemerkungen wurden teilweise auf den Dosen oder Mustertüten notiert. Durch Verrücken und Verstellen der Töpfe und Tassen machte der Tea-Taster seine Klassifizierung und Beurteilung der probierten Tees kenntlich. Jene Teesorten, die in die engere Wahl kamen, wurden meist mehrfach probiert, um einen Kauf der falschen Teesorten zu vermeiden.

Nachmittags wurden hauptsächlich Mischungsmuster aus dem Lager oder Neuankünfte verkostet. Das Kauf- beziehungsweise Angebotsmuster legte man neben dem Mischungs- oder Ankunftsmuster auf weißen DIN-A5-Pappen aus und jedes Muster wurde doppelt aufgebrüht. Danach kennzeichnete man die Tassen und Töpfe, verstellte diese untereinander und probierte den Tee. Wurden keine Unterschiede festgestellt, wurde die Mischung zur Auslieferung oder der neu eingetroffene Tee zur Einlagerung freigegeben.

Die Teeprobe

Den Inhalt der Mustertüten und gelegentlich auch kleiner Dosen legt man auf einem weißen DIN-A5-Bogen nach Provenienz, Blattgrad und Preis sortiert aus. Ein weißer Topf mit Deckel und eine weiße Tasse werden davor exakt ausgerichtet.

Mittels einer Handwaage werden dann, entsprechend der englischen Six-Pence-Münze, 2,86 Gramm Teeblätter im Topf abgemessen. Diese Teeblätter füllt man anschließend mit 150 Milliliter frisch kochendem Wasser auf.

Die Ziehzeit wird auf dem fest installierten Kurzzeitmesser auf genau fünf Minuten eingestellt. Nach dem Ertönen des Weckers wird dann der fertig gezogene Tee von den Blättern getrennt – man stülpt den Topf mit Deckel in die Tasse. Kleine, am Topfrand eingesägte Zähne sorgen dafür, dass der Tee gut in die Tasse abfließt und die Blattrückstände, die Infusion, im Topf zurückbleiben.

Die Tasse zieht man anschließend bis an den Rand des Probentisches herunter und stellt den Topf davor, also zwischen Tasse und Tee. Danach wird die Infusion auf den umgedrehten, auf dem Topf liegenden Deckel präsentiert und eventuelle Tropfen in die Tasse gegeben.

Das „Spittoon", das Spuckbecken, steht auf Hochglanz poliert am Anfang des Teeaufgusses.

Nun sind die Tees probierbereit. Ein Aufguss kann bis zu 36 Proben umfassen. In weniger als fünf Minuten werden diese verkostet und beurteilt. Teeproben müssen immer schnell und zügig durchgeführt werden, da der Tee nicht zu kalt und nicht zu heiß sein darf.

Zur Probe bedient man sich eines Probierlöffels. Die Löffel der Geschäftsleitung sind entsprechend graviert und auf einem Tablett in Gläsern mit frischem Wasser bereitgestellt, die Löffel der Tea-Taster liegen neben den Proben bereit.

Zunächst wird das trockene Blatt betrachtet und beurteilt sowie die Aromen der Infusion „angeschnüffelt" und deren Farbe begutachtet.

Beim Eintauchen des Probierlöffels in den fertigen Tee schaut man sich noch einmal ganz genau die Farbe an.

Ein kräftiges Schlürfen, bei dem sehr viel Sauerstoff mit in die Mundhöhle eingezogen wird, rundet die Teeprobe schließlich ab.

Den lautstark durch den Mund eingezogenen Tee spuckt man dann möglichst gekonnt in das Spittoon.

Handwaage zum präzisen Abwiegen der Teemenge für die Teeprobe

Der Einkauf wurde fast ausnahmslos vom Geschmack und den begleitenden optischen Merkmalen des Tees (Farbe des Blattes, Blattstruktur, Zusammensetzung der Teeblätter, Anzahl der Tips, kleines Unterblatt, Dustbeimischung, Fanningsanteile, Farbe der Infusion, Zusammensetzung der Infusion, Größe der Infusionsblätter, Tassenfarbe) bestimmt. Natürlich musste der Tee auch in das allgemeine Verkaufskonzept der Unternehmen passen. Dieses hat sich in den vergangenen 20 Jahren erheblich gewandelt: Der Einkauf wird heute in erster Linie von der Kalkulation, der Finanzbuchhaltung bestimmt. Für eine Sorte wird ein bestimmtes Budget bereitgestellt und der Neukauf muss der alten Qualität in Geschmack, Duft, Blattbeschaffenheit, Volumen, Tassenfarbe etc. möglichst nahekommen. Mittlerweile geht man in großen Unternehmen sogar dazu über, den Tee ausschließlich in vollen Containerquantitäten einzukaufen. Das bedeutet: Es gibt nur noch eine Teeprobe für zehn Tonnen Tee, nur noch eine Analyse und eine einheitliche Menge.

Individuelle Tees, Gartentees und Lagenqualitäten haben kaum noch Chancen. Man bemüht sich, ordentliche Qualitäten in großem Umfang einzukaufen und zu importieren. Auktionskäufe gibt es immer seltener, da die Plantagen einerseits versuchen, ihre geernteten und fertiggestellten Tees sofort zu veräußern, und andererseits die Importeure beim Bieten in den Auktionen nicht wissen, ob sie die Partie ersteigern können oder ob eine Teepartie möglicherweise zwischen mehreren Bietern aufgeteilt wird.

Auch heute noch wird in Probenzimmern regelmäßig Tee verkostet. Aber anstatt Hunderter von individuellen Teemustern probiert man heute Standards, also Mischungen unterschiedlicher Tagesproduktionen, oft sogar unterschiedlicher Plantagen. Die Qualität wird nur noch nachrangig berücksichtigt.

Zunächst wird das Volumen des Tees überprüft, wobei entschieden wird, ob der Tee in die Packungen des Unternehmens passt. Danach wird der Preis kontrolliert, um zu sehen, ob er mit der Kalkulation konform ist. Anschließend folgt die Prüfung des Geschmacks, um herauszufinden, ob die Teequalität für die Mischungen geeignet ist. Bei der Pestizidanalyse wird zum Abschluss noch geklärt, ob der Tee überhaupt importfähig ist. Erst wenn alle Fragen zustimmend beantwortet werden, wird über den Preis verhandelt und eventuell ein Kontrakt abgeschlossen.

In den Probenzimmern wird heutzutage immer mehr darüber getüftelt, welche geschmacklichen und optischen Veränderungen durchgeführt werden können, um neue Sorten zu kreieren. Diese Veränderungen werden häufig durch Hinzugabe von Zusatzstoffen erreicht. Die Probenzimmer sind zu Laboratorien verkommen. Um die Teequalität kümmert man sich erst dann, wenn feststeht, dass alle Analysen einwandfrei sind und der Tee den finanziellen Vorgaben entspricht.

Probierbereiter Tee

Tee-Geschichte & Handelswege

Oben: Tee-Ernte und sofortige Herstellung des Tees im früheren China
Links: Original Chinatee – Chest Lining – frühere Markierung der Teekisten

Wie lange Tee bereits bekannt ist, lässt sich heute nicht mehr eindeutig feststellen. Schenkt man den Sagen Glauben, dürfte aber bereits 2737 Jahre vor Christi Geburt erstmalig der Tee in heißem Wasser als Getränk Erwähnung gefunden haben. Die ersten authentischen Beschreibungen von Tee stammen etwa aus 300 n. Chr.

Traditionell kommt der Tee aus China. Um das Jahr 600 n. Chr. gelangte er erstmals nach Japan, stieß dort auf reges Interesse und wurde umgehend kultiviert. Während in China und Japan vorrangig die Thea sinensis angebaut wurde, pflanzte man in Vietnam, Myanmar, Malaysia und Laos die Thea assamica. In diesen Ländern findet man zudem baumartige Teepflanzen mit sehr großen Blättern, deren Ursprung man selbst heute nicht mehr nachvollziehen kann. Vermutlich gelangten entweder die Teesamen aus Assam dorthin oder sie wurden von den Hmong, einem Volksstamm mit tibetanischen Wurzeln, verbreitet.

Schon vor etwa 400 Jahren brachten erste Frachtensegler die zarten Blätter aus Japan und später auch aus China nach Europa. Die in Holland gegründete Ostindische Kompanie erhielt im Jahre 1676 von Kaiser Scheng-Tsu die Genehmigung zum erstmaligen kommerziellen Erwerb von Tee. Die Vereinbarung erlaubte es der Ostindischen Kompanie, chinesischen Kaufleuten in Kanton Tee abzukaufen.

Englischer Teaclipper auf der Heimreise von China nach London

Sie verschiffte diesen zunächst nach Amsterdam, bis 1657 der erste Tee nach Deutschland gelangt sein soll. Auch in den gesellschaftlichen Kreisen Frankreichs wurde das feine Getränk freudig begrüßt und regelmäßig ausgeschenkt.

England partizipierte ebenfalls an den ersten Importen, die mit der Zeit auch auf Tees aus Indonesien ausgeweitet wurden. 1660 gelangte der Tee erstmals auch nach Amerika und wurde dort in New Amsterdam – heute New York – entladen. Die Engländer gründeten zwischenzeitlich ihre eigene Ostindische Kompanie und setzten eigens Schiffe für den Transport von Tee aus China in das Königreich ein. Dies führte dazu, dass ab diesem Zeitpunkt in England nur noch selbst importierte Tees verkauft werden durften. Abgesehen davon verschrieben sich seit 1700 immer mehr britische Haushalte, in welchen bisher der Kaffee als Luxusgetränk gegolten hatte, dem Genuss von Tees, und zahlreiche englische Unternehmen engagierten sich finanziell an den Plantagengesellschaften in Ceylon und Indien. Mitte des 18. Jahrhunderts war London bereits das Zentrum des Weltteehandels. Der englische Staat erkannte schnell das finanzielle Potenzial von Tee und konnte seinerseits durch hohe Zölle einen großen Profit erzielen.

In diesen Jahren war Amerika noch eine englische Kolonie, und Großbritannien versuchte auch dort, den Teehandel mit Holland zu unterbinden und nur noch Importe englischer Unternehmen zuzulassen. Die britische Krone belegte sämtliche Importe ins Mutterland mit einer hohen Steuer, doch auch in Amerika wurde der Tee mit einer (zusätzlichen) Steuer versehen, die den Kolonialherren zugutekam. Aufgrund der steigenden Popularität von Teegetränken versuchte man wiederum, das englische Monopol durch Importe aus Holland und Portugal zu umgehen. Die britische Ostindien-Kompanie erreichte, dass deren Tees ab diesem Zeitpunkt nicht mehr über das Mutterland umgeladen werden mussten und die Frachtsegler direkt nach Amerika fahren durften. So konnte zumindest der in England erhobene Zoll umgangen werden. In Amerika wurden zudem eigene Verkaufsstrukturen unter Ausschluss der lokalen Händler geschaffen, was natürlich zu Spannungen zwischen den Kolonien und dem Mutterland führte.

Am 28. November 1773 erreichten englische Handelsschiffe mit großen Teeladungen den Hafen von Boston. Wütende Kolonisten verhinderten das Entladen der Teekisten. Im Stadtrat kam es zu heftigen Diskussionen, an denen auch der britische Gouverneur teilnahm. Am Höhepunkt der Auseinandersetzungen, dem 16. Dezember 1773, stürmten daraufhin 90 als Mohawk-Indianer verkleidete Kolonisten den Saal. Der britische Gouverneur zeigte jedoch keinerlei Bereitschaft, klein beizugeben. Daraufhin enterte die aufgebrachte Menge die Schiffe und warf 342 volle Teekisten in das Hafenbecken Bostons.

Dieses Ereignis ging als „Boston Tea Party" in die Geschichte ein und stellt den eigentlichen Beginn des amerikanischen Unabhängigkeitskrieges dar. Es folgten noch weitere Revolten in den Häfen entlang der Ostküste, bis später die Freiheitstruppen unter Washington und dem preußischen General Steuben den entscheidenden Sieg über die Engländer errangen.

Der Unabhängigkeit Amerikas und den Unruhen in Europa dieser Zeit (etwa der Französischen Revolution) zum Trotz florierte der Teehandel weiterhin unvermindert. Der Tee wurde in China in eigens dafür vorgesehene Kisten verpackt. Damit die Blätter auf der langen Schiffsreise – diese dauerte rund um das Kap der Guten Hoffnung im Durchschnitt 120 Tage – gut geschützt waren, legte man die Kisten innen mit Papier aus. Die Teekistenbleche zum Verschließen der Deckel waren aus Eisen, die Teekisten selbst waren aus kräftigem, abgelagertem Holz und wurden außen häufig zusätzlich mit Blei ummantelt. Die Verschiffungsmarkierungen zeichnete man per Hand auf feines Papier, das anschließend außen angebracht wurde. Jeder bekannte Empfänger in Europa oder Amerika hatte sein eigenes Zeichen – etwa kunstvoll dargestellte Tiere oder Blumen. Später gab es diese „Tea Chest Linings" dann auch im einfachen Druckverfahren.

Im Laufe der Zeit änderten sich nicht nur die Transportrouten und -möglichkeiten, auch die Größe sowie die Ausführung der Teekisten wandelten sich. Bis Mitte der 1970er-Jahre erreichten die meisten Teepartien Hamburg und Bremen mit konventionellen Seeschiffen. Diese Schiffe fuhren von Hafen zu Hafen und kehrten für gewöhnlich erst heim, wenn die Laderäume gefüllt waren, da die Reise von Kalkutta nach Hamburg meist 30 Tage, von China aus sogar 45 bis 60 Tage dauerte. Der Umstieg auf Containerschiffe brachte auch die Vereinheitlichung der Maße der Teekisten auf Dezimalgrößen mit sich. Grund für diese Maßnahme war die Tatsache, dass Kisten mit dieser Größe auf Paletten verladen und damit ohne Stauverlust in Containern untergebracht werden konnten. Ab diesem

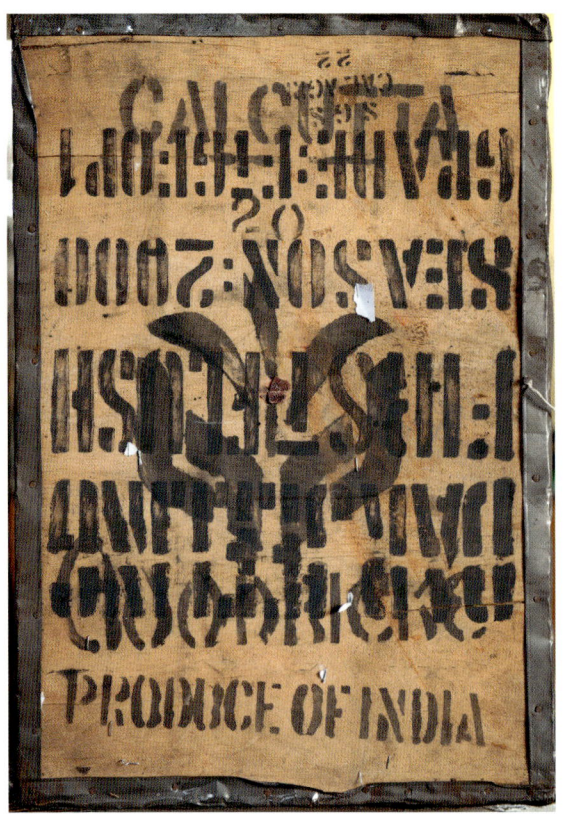
Teekiste mit originalen Plantagen- und Verschiffungsmarkierungen

Zeitpunkt wurden die Teekisten aus Zedernholz hergestellt und innen mit dünner Aluminiumfolie und Seidenpapier ausgelegt. Markierungen von der Plantage wie Netto- und Bruttogewicht wurden mittels Schablonen an den Außenwänden der Kisten angebracht. Auch der Plantagenname, der Blattgrad, die Jahreszahl und für die lückenlose Rückverfolgung die sogenannte Invoicenummer, also die laufende Nummer der von der Plantage abgelieferten Teepartie, wurden auf den Kisten vermerkt. Durch diese exakten Angaben konnten eventuelle Manipulationen schnell erkannt werden.

Teekisten waren nur ein Mal einsetzbar, da sie nach ihrer Entleerung instabil wurden und sich ein Rücktransport in die Ursprungsländer des Tees nicht mehr rentierte. In Kalkutta wurden jährlich zwischen ein und zwei Millionen Teekisten verladen. Um die Rohstoffe für die Herstellung der Teekisten zu gewinnen, wurden umfangreiche Waldflächen, anfangs in Indien, später auch in Malaysia und Indonesien, abgeholzt und somit vernichtet. In Deutschland durften Teekisten nicht verbrannt werden, da es sich vorwiegend um Tropenhölzer handelte. Man presste sie zusammen und gab sie zur Endlagerung.

Afrika begann als Erstes damit, Tees nur noch in Papiersäcken abzufüllen und zu verladen. Anfangs waren dies noch recht abenteuerliche Gebilde, die im Aussehen Damenhandtaschen ähnelten, doch mittlerweile sind Form und Verpackung weitgehend standardisiert und die Säcke bestehen innen aus mit Silberfolie beschichtetem Kraftpapier. Inzwischen werden etwa 98 Prozent aller Tees entweder in Säcken oder Kartons transportiert – Teekisten gibt es kaum noch.

Lange Zeit wurden Tees auf Auktionen verkauft. Berühmte Auktionszentren waren Kalkutta, Colombo, Kochi und Mombasa. Später kamen viele andere Zentren hinzu, besonders in Indien. Außerhalb der Tee-Anbaugebiete gab es regelmäßig

Auktionen in London und auch in Hamburg, die allerdings kaum noch Bedeutung haben. Der Verkauf von Teepartien über Auktionen ist ein ziemlich langwieriges und umständliches Verfahren. Zunächst wird ein aktuelles, frisch aus der Partie gezogenes Muster an einen Auktionsbroker (Makler) übersandt. Dieser verkostet und evaluiert den Tee und legt einen Anfangspreis für das Bieten fest. Nach dieser Evaluation wird das Muster interessierten Exporteuren zur Verfügung gestellt. Diese Exporthäuser verfügen weltweit über ein Netz von Maklern, denen sie die Muster und die Evaluationen der Broker zur Prüfung überlassen. Der hiesige Makler verteilt die Muster an unterschiedliche Importeure. Daraufhin werden die frischen Auktionsmuster verkostet, mit bisherigen Käufen verglichen und preislich neu beurteilt. Bei Interesse gibt dann das Importhaus dem Makler seine Preisvorstellung bekannt, also jenes Gebot, das dieser seinem Ablader in Übersee, dem Auktionsplatz dieses Tees, übermittelt. Meist dauert es etwa drei Wochen, bis die entsprechende Partie Tee in der Auktion zum Verkauf aufgerufen wird. Die einzelnen Tee-Exporthäuser sind während der Auktion vertreten und versuchen, den Tee möglichst günstig zu ersteigern. Entweder erhält jene Firma den Zuschlag, die das höchste Gebot abgegeben hat, oder man einigt sich abseits der Auktion und teilt die Partie unter den Bietern auf. Der Auktionsbroker erhält für seine Tätigkeit eine prozentual festgelegte Provision.

Auktionen haben deutlich an Bedeutung verloren. Lediglich für lokale Händler sind sie noch von Interesse. Die Mehrzahl der Tees wird mittlerweile direkt vom Garten aus verkauft, und nur was danach noch übrig bleibt, wird in den Auktionen versteigert.

Hat eine Exportfirma den Zuschlag für eine Partie erhalten, wird der Tee nach Zahlung der Brokerprovision freigestellt und muss innerhalb einer festgelegten Frist vom Käufer bezahlt und im Lagerhaus übernommen werden. Zunächst wird ein größeres Ausfallmuster aus dieser Partie gezogen und dem Käufer aus Übersee übermittelt. Dieser hat die Aufgabe, die Verladung umgehend zu instruieren und dem Ablader entsprechende Markierungs- oder Versandwünsche aufzugeben.

Sobald diese Wünsche und die Destination bekannt sind, bemüht man sich um entsprechenden Frachtraum zur Verladung des Tees. Der Schiffsname und weitere Einzelheiten werden dem Empfänger dann sofort mitgeteilt.

Tee-Lagerung in der Speicherstadt

Links: Tee-Schlösschen in der Hamburger Speicherstadt; oben: Blick auf die Speicherstadt heute

Der größte zusammenhängende Lagerhauskomplex der Welt, die Hamburger Speicherstadt, wurde in der Zeit von 1883 bis 1888 erbaut. Alle Lagerhäuser sind auf Pfählen errichtet und die Gesamtlagerfläche betrug bei ihrer Fertigstellung circa 330.000 m². Zuvor galt sie als Wohngebiet für Arbeiter und ärmere Menschen, die diesem Bauvorhaben jedoch weichen mussten und umgesiedelt wurden.

Bis Mitte der 1980er-Jahre wurde die Mehrzahl der Tees in konventionellen Schiffen nach Hamburg gebracht. Mehrere Kanäle machten den Warenverkehr der Speicherstadt, die schon immer ein Teil des Hamburger Freihafens war, per Schiff und Schute möglich. Allerdings beeinflussten die direkte Elbverbindung dieser Kanäle und der Tidenhub den Verkehrsablauf erheblich, da bei Ebbe die Kanäle teilweise im Trockenen lagen und bei Flut teilweise so stark mit Elbwasser gefüllt waren, dass das Durchfahren unter den Brücken unmöglich war. Auch jährliche Sturmfluten stellten in früheren Zeiten eine erhebliche Beeinträchtigung des Warenverkehrs dar.

Die gesamte Hamburger Speicherstadt ist der stadteigenen „Hamburger Hafen und Logistik AG" unterstellt und wurde 1991 unter Denkmalschutz gestellt. Viele Importfirmen nutzten die Möglichkeit, Kontor (Erdgeschoss) und Lager (obere Stockwerke) möglichst zusammenhängend zu betreiben. Des Weiteren wurden auch Lagerfirmen, in der Hamburger Speicherstadt „Quartiersleute" genannt, damit beauftragt, unterschiedlichste Waren wie Kaffee, Tee, Kakao, Gewürze, Pilze, Teppiche, Wein,

Rum etc. einzulagern, weshalb sie in weiterer Folge die Warenprüfung, das Probenziehen, Markieren und Mischen der entsprechenden Waren übernahmen.

Ideal ist die Aufteilung der Lagerhäuser in einzelne Böden. Bis zu sieben Stockwerke hoch konnten Waren gelagert werden – Querverbindungen von dem einen zum anderen Lagerhaus waren durchaus möglich. Aufgrund der hervorragenden Bauweise dieser Lagerhäuser, die teilweise aus bis zu 1,3 m dicken Ziegelsteinmauern bestehen, sind die Temperaturschwankungen innerhalb der Lagerböden relativ gering und die Durchschnittstemperatur liegt ohne zusätzliche Klimatisierung zwischen 14°C und 18°C, was sich positiv auf die Lagerfähigkeit verschiedenster Waren wie auch Tee auswirkt.

Ladeluken mit Winden in der Speicherstadt

Die typische Verladung der Teewaren in der historischen Speicherstadt Hamburg kann man sich in etwa so vorstellen: Die Teekisten wurden zunächst vorrangig land- beziehungsweise straßenseitig aufgenommen, und der Fuhrmann, der bis Ende der 1960er-Jahre im Allgemeinen ein Pferdegespann steuerte, stellte sich frühmorgens unter die Winde der Luken. Eine wasserseitige Anlieferung der Tees erfolgte selten und wenn, dann nur bei sehr großen Mengen. Der Grund hierfür waren die relativ hohen Liegekosten der Schuten, die separate Bewachung der Waren und Schiffe sowie die Zusatzkosten für die Entladung, welche am Abend oder in der Nacht durchgeführt werden musste. Eine Teekiste war damals 40 x 50 x 60 cm oder gar 50 x 50 x 60 cm groß und beinhaltete circa 50 kg Tee.

Die Kisten wurden dann per Winde – meist vier Kisten, bei kleineren Größen auch fünf – auf die Böden transportiert. Unten standen zwei Männer, die die Teekisten mit einem Stropp – einem dicken Sisaltau – festbanden und an den Haken der Winde hängten. Die Winde wurde dann betätigt und an dem entsprechenden Boden wieder gestoppt, bis die Teekisten vor einer offenen Luke schwebten. Ein Lagerarbeiter beugte sich, frei stehend und völlig ungesichert, weit aus der Luke und griff in den Stropp, um die Teekisten dichter an die Luke heranzuziehen, bis sie für einen weiteren Arbeiter erreichbar waren. Dann wurden die Kisten langsam herabgelassen und dabei so weit heruntergezogen, bis sie mindestens zur Hälfte über einen auf dem Boden befestigten Balken in das Lager hineinragten. Anschließend wurden mittels einer handgeführten Sackkarre die Kisten von zwei weiteren Arbeitern zum Lagerplatz gerollt, da mechanische, schwere Geräte oder Gabelstapler nicht ein-

Verladen von Teekisten mit der Winde

gesetzt werden konnten, weil die Belastungsgrenze pro m² bei 400 kg beziehungsweise in den obersten Böden sogar nur bei 200 kg lag. Ein weiterer Arbeiter stapelte die Kisten schließlich richtig ein, wobei er nach Möglichkeit ein „Stufenprinzip" benutzte. Er stapelte zuerst eine Kiste, dahinter zwei, dann drei und so weiter, um so eine optimale, lückenlose Ausnutzung des Lagerraumes zu ermöglichen, indem er über die Stufen die Kisten zur höchsten Stelle tragen konnte.

Es waren also mindestens sechs bis sieben Arbeitskräfte notwendig, um die Teekisten in der Speicherstadt auf- oder abzuladen. Dafür benötigten sie insgesamt fünf bis sechs Minuten. Für 400 Kisten wurden also fast ein gesamter Arbeitstag und sechs bis sieben Arbeitskräfte benötigt. In einem 40-ft-Container haben 400 Säcke oder Kisten Platz. Heute benötigt ein Gabelstaplerfahrer dafür etwa 20 Minuten.

Die auf dem Boden eingelagerten und separat gestellten Kisten wurden einzeln mit den Vorgaben des Imports verglichen und die bereits vergebene Partienummer, der Plantagenname und die Blattgradbezeichnung der Kiste auf eine große weiße Tüte notiert. Nachkommend nutzte man einen handgefertigten, gebogenen Hammer, der an der flachen Frontseite gespreizt war, um die flache Seite unter die Kistenbleche zu schieben und die Nägel leicht zu heben. So konnten diese anschließend oberhalb des Kistenbleches herausgezogen werden. Daraufhin wurden die Kistenbleche vorsichtig per Hand zur Seite gebogen, um den Teekistendeckel unbeschädigt hochzunehmen. Damit man eine Kiste im Anschluss wieder richtig verschließen konnte, wurden oft der Deckel und eine Kistenseite mit einem durchgehenden Kreidestrich markiert.

Per Hand wurde dann ein Muster möglichst aus der Mitte der Kiste gezogen, in die weiße Tüte gefüllt und dann in das Probenzimmer zur weiteren Bearbeitung gebracht.

Eine weitere Möglichkeit zur Teekontrolle war das Aufbohren der Teekisten mittels einer umgestalteten Leier. Bei dieser Methode wurde zunächst ein rundes Loch in die Kisten geschnitten, aus welchem der Tee in eine vorbereitete

Zur Qualitätskontrolle wurden die Teekisten idealerweise mit einem speziell gefertigten Hammer geöffnet. Das Aufbohren mit der Leier war eine andere Variante.

Teearomatisieren und -mischen per Hand

Mustertüte fiel. Im Anschluss wurde das aufgeschnittene Loch mit einem Spundlochdeckel wieder verschlossen und mit einem Spezialgerät verkantet, damit dieser Deckel beim Transport nicht herausfallen konnte. In Hamburg wurde diese Methode allerdings selten eingesetzt, da dabei die Teekisten beschädigt wurden und beim weiteren Transport die Möglichkeit bestand, dass der Verschlussdeckel herausspringen konnte und dadurch der Tee auslief. Außerdem bekam man nur ein Muster aus der Seite der Teekiste, welches keinen guten und zuverlässigen Überblick über die tatsächliche Qualität der Ware zuließ.

Die Teeböden in der Hamburger Speicherstadt eigneten sich hervorragend zum nachhaltigen, energiesparenden und durchaus umweltfreundlichen Mischen der Tees. Zunächst wurden die Tees aus den Kisten zu einem großen Kegel, in etwa 1000 kg Tee, aufgeschüttet. Danach öffnete man einen Durchlass im Lagerboden und ließ den Tee auf den darunter liegenden Boden rieseln, wodurch ein neuer Teekegel entstand und die Mischung meist fertig war.

Earl Grey Tee wurde beispielsweise bis in die Mitte der 1970er-Jahre gemischt, indem die einzelnen Komponenten auf dem Mischplatz ausgelegt und stark mit Bergamottöl beträufelte Teeblätter dazwischengelegt wurden. Diese Mischung wurde gut mit Silberpapier abgedeckt und über mehrere Tage hinweg „gestürzt", also durchgemischt, dabei wurden die Löschblätter erneut mit frischem Bergamottöl beträufelt und wieder dazwischengelegt. Der Tee wurde also nicht direkt mit dem Öl beträufelt, sondern konnte den Duft langsam in seine Blätter aufnehmen. Ein umständliches Verfahren, welches aber hervorragende Qualität einbrachte, einen sehr lange haltbaren Earl Grey Tee, der nicht zu intensiv nach Bergamottöl schmeckte und bei dem die einzelnen Komponenten sogar noch herausgeschmeckt werden konnten.

Heute befinden sich in der Speicherstadt hauptsächlich Kontore und Wohnungen.

Eine andere Möglichkeit des Mischens bestand darin, dass man den Inhalt der Teekisten auf einem Platz entleerte und den Tee mittels Holzschaufeln von der einen zur anderen Seite schichtete. Währenddessen wurde immer darauf geachtet, dass jede Schaufel Tee auf der Spitze des neu entstehenden Kegels landete, damit die Blätter frei herunterrieseln und sich mit den anderen Komponenten vermischen konnten. Nach der zweimaligen Wiederholung dieses Vorgangs, der auch „Durchstechen" genannt wurde, war die Mischung fertig und der Tee konnte wieder in Kisten abgefüllt werden.

Das Aromatisieren der Tees wurde auf ähnliche Weise durchgeführt, indem der Inhalt der Teekisten auf dem Mischplatz entleert, von einer Seite zur anderen umgeschüttet und währenddessen von handbetriebenen beziehungsweise später auch von elektrischen Spritzpistolen, in denen sich das Aroma befand, besprüht wurde.

In der Speicherstadt wurden auch regelmäßig Tee-Auktionen durchgeführt. So verlegte Indonesien nach der Erlangung der Unabhängigkeit seine europäischen Auktionen von Holland, dem ehemaligen Kolonialherrenland, in die Hamburger Kaffeebörse am Pickhuben. Jedoch bildeten solche Auktionen eher die Ausnahme und konnten sich nur für kurze Zeit in Hamburg halten, da die internationalen Käufer fernblieben und die Mehrzahl der Tees aus anderen Staaten noch immer nach Holland verkauft wurden.

Die Hamburger Speicherstadt war schon immer etwas Besonderes. Es war faszinierend zu beobachten, wie hier Teppiche, dort Gewürze, etwas weiter Kaffeesäcke oder Kakaobohnen aufgenommen und eingelagert wurden. Die Gerüche und Düfte konnten schon von Weitem wahrgenommen werden. Es sprach sich in Windeseile herum, wenn einmal ein Sack mit Muskatnüssen aus Sansibar in der

Winde platzte oder eventuell nur ein kleiner Riss im Sack dafür sorgte, dass ausreichend „Material" auf die Straße rieselte. Man wusste, wann und wo schwarze Pfefferkörner eingelagert wurden und erlesene Tees den Hafen erreichten, und sofort waren viele Interessenten mit großen oder kleinen Tüten zugegen, um sich eine kleine Probe mit nach Hause nehmen zu können.

Eine Besonderheit bildeten auch die Kaffeeröster. Im Vorbeigehen roch man bereits, wo frische Kaffees geröstet wurden. Natürlich beäugte der Zoll das Geschehen sehr genau und der eine oder andere wurde auch abends auf dem Nachhauseweg überprüft. Am Hamburger Hafen bildete sich sogar ein reger Tee-Röstkaffee-Tauschhandel, dessen festgelegte Umtauschrate Tee gegen Röstkaffee immer ein Teil Tee gegen zwei Teile Röstkaffee betrug.

Mittlerweile sind fast alle Teefirmen aus der Speicherstadt ausgezogen. Benötigte man früher auf den Lägern noch sechs Mann und eine Schicht von acht Stunden für 400 Kisten Tee, beschäftigt man damit heute einen Gabelstaplerfahrer gerade einmal 20 Minuten. Teekisten gibt es kaum noch. Die verwendeten Teesäcke werden meist automatisch aufgeschlitzt und in große Mischtrommeln entleert. Nach 15 bis 20 Minuten in der Trommel ist die Mischung fertig, die anschließend entweder in Bigbags mit einem Fassungsvermögen von 200 bis 300 Kilogramm oder in Ventilsäcke mit etwa 20 Kilogramm Inhalt abgefüllt wird. Der Nachteil dabei ist, dass die Struktur und die Qualität des Tees darunter leiden. An den großen Schaufeln in den Mischmaschinen zerbrechen die Teeblätter und sorgen dann für einen kräftigeren, allerdings auch teilweise etwas bitteren Geschmack.

Das Aromatisieren wird entweder in Mischtrommeln durchgeführt, wobei die Essenz während des Mischvorganges in den Tee gesprüht wird, oder aber durch Hinzumischung von abgekapselten Aromen.

Teelager

Tee-Anbaugebiete und Teesorten

Anbaugebiete

Tee wächst rund um den Erdball in allen tropischen und subtropischen Zonen sowohl im Flachland als auch im Gebirge. Die höchsten bekannten Tee-Anbaugebiete liegen im Himalaja-Gebirge in Yunnan / China in bis zu 3200 Meter, in Darjeeling / Indien bis zu 2200 Meter oder in Tansania / Afrika bei etwa 2400 Meter Höhe. Das nördlichste bekannte Tee-Anbaugebiet befindet sich im Kaukasus-Gebirge – zum Teil in Georgien, zum Teil in der Türkei. Im Süden reichen die Teeplantagen in Afrika etwa bis an die Hafenstadt Durban, in Südamerika im Norden Argentiniens bis Misiones und sogar in Australien gibt es Teeplantagen in Queensland.

Von der geografischen Lage hängt die Erntezeit ab: Je weiter das Anbaugebiet vom Äquator entfernt ist, desto kürzer ist die Erntezeit. In der Türkei findet diese circa sechs Wochen von Ende Mai bis Ende Juni / Anfang Juli statt, in Argentinien von Dezember bis Februar und selbst in Japan beginnt diese frühestens Ende April / Anfang Mai und endet bereits im August. Hingegen wird in Sri Lanka – vormals Ceylon – ebenso wie in Kenia, Tansania oder Indonesien die Teepflanze ganzjährig beerntet. Mehr über die typischen Teesorten der einzelnen Anbaugebiete ist im Abschnitt „Teesorten" zu finden.

Teeplantage in Südindien

Das Wachstum der Teepflanzen und der Ernteertrag hängen von den klimatischen Verhältnissen und der Bodenbeschaffenheit der jeweiligen Region ab. Das tropische Klima mit möglichst feuchter Wärme ist besonders wichtig für das Gedeihen der Pflanzen. Während der Haupterntezeiten liegt die Temperatur in den Bergen zwischen 12°C und 23°C, im Flachland sogar weit über 30°C. Ausreichender Niederschlag – im Durchschnitt 1000 bis 2400 Millimeter pro Jahr – ist für ein gutes Wachstum der Büsche notwendig.

Das Spektrum der Bodenbeschaffenheit der Anbaugebiete ist bemerkenswert groß. Hervorragende Bedingungen findet man in Assam in der Nähe des Brahmaputras, des wasserreichsten Flusses Indiens, mit feuchtem Marschboden. Gneis- und granithaltige Böden gibt es in Darjeeling, Sri Lanka, Tansania, Uganda und Japan. Vulkanisches Gestein ist die Grundlage vieler Böden in den Usambara-Bergen Tansanias, in Kenia und Indonesien.

Teepflückerinnen bei der Ernte in Assam

Der maximale pH-Wert des Bodens sollte 6,5 nicht überschreiten – gute Wachstumsbedingungen bestehen meist bei einem pH-Wert von 4,5. Nach unten gibt es allerdings keine Grenze. Ein geringerer Kalkgehalt der Böden wird von den Teepflanzen bevorzugt, eisenhaltige Tonerde sollte immer ein Grundbestandteil des Bodens sein.

Tee aus kontrolliert biologischem Anbau

Kontrolliert biologischer Tee-Anbau in Nordvietnam

Bis Mitte der 1970er-Jahre war die weltweite Teeproduktion mehr als ausreichend – es gab sogar Überproduktionen. Man konnte also getrost auf Kunstdünger verzichten. Da der Ertrag jedoch nicht mehr rentabel war und die hergestellten Tees keine Käufer mehr fanden, kam es zu weltweiten Dumpingpreisen – Tee war plötzlich nichts mehr wert. Aufgrund dessen mussten viele Teegärten in Indien und Sri Lanka die Produktion einstellen.

In Indien änderte sich die Lage allerdings drastisch, als mehr Zucker verfügbar wurde. Da der Tee in Indien nur mit Zucker und Milch getrunken wird, stieg dadurch der Konsum ins Unermessliche und mehr Tee musste produziert werden. Regionen in Afrika hingegen, besonders in Uganda und Kenia, wurden von Heuschreckenschwärmen bedroht, was weitaus weniger Ertrag auf den dortigen Teeplantagen nach sich zog. Aus diesen Gründen setzte man in Afrika vermehrt Pestizide und Insektizide ein, um die Teepflanzen zu schützen, und in Indien, besonders in Assam, Kunstdünger und Spritzmittel, um dem stark wachsenden Bedarf gerecht zu werden.

Durchschnittstemperaturen um 25°C, im Sommer sogar häufig über 30°C, führten in Verbindung mit der hohen Luftfeuchtigkeit und dem Kunstdünger in Assam geradezu zu einer Explosion der Erntemengen. Die Formel lautet: Je mehr Kunstdünger eingesetzt wird, desto größer ist der Ertrag. Dadurch haben sich in dieser Region innerhalb von 15 Jahren die Ernteerträge verzehnfacht.

Im Jahre 1984 fand in New Delhi ein zweitägiges nationales Teeseminar statt, bei dem festgelegt wurde, dass zukünftig in der indischen Teeindustrie die Vermehrung der Teepflanzen nur noch mit Stecklingen erfolgen sollte und dass aus Saat gezogene Pflanzen nicht mehr eingesetzt werden sollten. Man wollte nur noch jene Teebüsche vermehren, die schnell wachsen und hohen Ertrag bringen. Dies wurde in den Teegärten dann auch durchgeführt. Das Ergebnis waren ständig sinkende Qualitäten, dafür aber immer höhere quantitative Erträge.

Ende der 1980er-Jahre – die Diskussion über Bioprodukte war in Deutschland, der Schweiz und Österreich schon lebhaft – begannen die ersten Teegärten, besonders in Darjeeling, mit einer Rückbesinnung auf die natürlichen Ressourcen. Ein paar wenige Teegärten stellten – wenn auch äußerst zögerlich – auf biologischen Anbau und biologische Bewirtschaftung um. Zu den ersten gehörten Singell, Monteviot und Mullotar sowie Makaibari. Jedoch waren die anfänglichen Qualitäten miserabel, der quantitative Ertrag schlecht und die Analysen der Teeblätter fielen äußerst negativ aus. DDT-Altlasten kamen zum Vorschein, ebenso Lindan und ähnliche Insektizide.

Das Problem bei Monteviot war die Lage. Inmitten von Plantagen, die nach wie vor konventionell arbeiteten und Spritzmittel nutzten, war eine biologische Bewirtschaftung nahezu unmöglich. Denn egal aus welcher Himmelsrichtung der Wind wehte, immer gelangten von irgendwoher Spritzmittel auf die Pflanzen dieses Teegartens.

Makaibari stellte anfangs nur einige wenige Felder auf biologischen Anbau um, erhielt dann aber zur Überraschung des Teehandels sogar das Demeter-Zertifikat. Das veranlasste die Besitzer, den gesamten Anbau entsprechend umzustellen.

Ausgesuchte Teegärten in Südindien und Sri Lanka folgten. In Sri Lanka war die Umstellung relativ problemlos, da man aufgrund der Absatzschwäche auf mehreren Plantagen die Produktion völlig eingestellt hatte. Es mussten nur die mittlerweile über 10 Meter hoch gewachsenen Teebüsche zurückgeschnitten und dann mit der Produktion langsam wieder begonnen werden. Pestizide, Insektizide und Kunstdünger wurden in Sri Lanka aus Kostengründen ohnehin nicht eingesetzt.

Die Umstellung in Südindien war hingegen sehr problematisch. Kunstdünger und Spritzmittel wurden nahezu unbegrenzt verwendet, da man gewisse Quantitäten zur Deckung des eigenen Konsums sowie zum Export in die UdSSR benötigte. Lediglich in einem völlig abgelegenen Gebiet in der Nähe der Südspitze Indiens konnte die Umstellung auf einer größeren Plantage durchgeführt werden. Aber auch hier war man ob der neuen Bewirtschaftungsform unsicher. Aus diesem Grund entschied man, zunächst nur die auf der einen Gebirgsseite liegenden Teefelder ökologisch zu produzieren, die Gärten auf der anderen Gebirgsseite wurden weiterhin konventionell bewirtschaftet.

In Darjeeling stellten vorerst nur jene Teegärten ihre Produktion auf Bio um, die wirtschaftliche Probleme hatten und ihre Produktion ohnehin kaum zu guten Preisen verkaufen konnten wie zum Beispiel Mullotar. Dieser Teegarten lag sehr abgelegen und besaß keine eigene Fabrik, wodurch er keine Chance zum Weiterbestehen hatte.

Die Erwartungen, die man in den biologischen Anbau setzte, waren auf allen Seiten sehr hoch. Die Plantagenbesitzer erhofften sich durch diese Maßnahme deutlich bessere finanzielle Erträge, der Handel im deutschsprachigen Raum wiederum feinere und bessere Qualitäten durch langsames Wachstum der Teepflanzen. Umso größer war dann die Enttäuschung in den ersten Jahren. Die Plantagenbesitzer mussten nicht nur die teuren Biokontrollen bezahlen, sie mussten auch Einbußen der Ernte in Kauf nehmen, da nicht mehr in dem Maße und der Intensität gedüngt werden konnte wie früher. Zudem musste eine völlig andere Klientel für die Abnahme dieser Tees gefunden und aufgebaut werden. Importeure, Großhändler und Einzelhändler im europäischen Raum wehrten sich vehement gegen die Aufnahme von Biotees, hatte man doch mindestens 100 konventionelle Teesorten, die nunmehr plötzlich als schadstoffbelastet gelten müssten, während man für Biotees saubere Zertifikate vorlegen konnte.

Auch in Afrika wurde von einigen Teegärten mit mehr oder weniger gleichem Erfolg eine Umstellung versucht. Da jedoch afrikanische Tees hauptsächlich in England, Nordamerika und Pakistan Absatz finden und in diesen Märkten vorrangig nur der Preis des Tees zählt, ist es den Teefirmen geradezu egal, ob die Ware konventionell oder biologisch hergestellt wird.

In Kenia begann man mit der Bioproduktion durch Düngen mit Kompost aus den Gewächshäusern. Jedoch wurden dort Rosen und Nelken für Europa und Amerika gezüchtet, die weiterhin stark besprüht wurden.

In Tansania wurde Luponde, einer der besten und höchst gelegenen Teegärten, auf biologischen Anbau umgestellt und fachlich hervorragend geführt. Luponde liegt etwa 2000 Meter hoch und ist nur mit dem Flugzeug erreichbar, die nächsten größeren Städte sind Tagesreisen entfernt. Die Teefelder sind von kleinen Knicks (Wallhecken) und Hecken umgeben und zum Schutz gegen Insekten und zur Herstellung von gutem Humus pflanzte man Chrysanthemen, Tagetes, Zwiebeln, Knoblauch und ähnliche Pflanzen. Auch für die Arbeiter der Plantage wurde viel getan. Es wurde ihnen die Möglichkeit geboten, ein kleines Stück Land zu erwerben oder während ihrer Mitarbeit zu mieten, sich eine Hütte daraufzustellen und Gemüse, besonders Mais, für den Eigenbedarf anzubauen. Sogar eigene Kurse über den Gemüseanbau auf möglichst biologischer Basis wurden ihnen vom Manager der Plantage angeboten. Allerdings rechnete ein englischer Broker den Besitzern vor, dass sie beim Einsatz von Kunstdünger die Ernte um 25 Prozent erhöhen könnten – zwar zu deutlich niedrigeren Preisen, aber das wäre sicherlich in den Griff zu bekommen.

Auch andere Plantagen in den nördlichen Usambara-Bergen Tansanias folgten dem Trend zu biologischer Bewirtschaftung. Aufgrund ihrer isolierten Lage in den Bergen und im Dschungel war eine Kontamination ausgeschlossen und eine Umstellung problemlos.

In China begann die biologische Teeproduktion bereits in den 1970er-Jahren, nahezu unbemerkt für den weltweiten Teehandel. Unter dem Namen „Green Food" wurden diverse Projekte gestartet, die aber nur national von Bedeutung waren. Deren grundsätzliche Regel lautete, dass Tee-Anbaugebiete oberhalb einer Höhe von 400 Metern nicht mit Spritzmitteln behandelt werden mussten, da es hier kaum schädliche Insekten oder Pilzkrankheiten gab. In den darunterliegenden Regionen wuchsen viele Teepflanzen auf Obstplantagen direkt unter den Obstbäumen, womit biologischer Anbau nicht möglich war. Da das Obst regelmäßig besprüht wurde, bekamen auch die Teepflanzen ausreichend Spritzmittel ab. Diese Tees waren qualitativ sehr einfach und dienten vorrangig zur Herstellung von Gunpowder, Chun Mee und Sencha. Sie wurden meist nach Nordafrika oder Afghanistan verkauft, wo auf einen geringen Schadstoffgehalt des Tees nicht viel Wert gelegt wurde.

In Assam stellte die Herstellung von Biotee immer ein großes Problem dar. Assam ist ein flaches, sumpfiges Land, das zwar zum Himalaja hin etwas ansteigt, aber mindestens zweimal im Jahr vom Hochwasser des Brahmaputras überschwemmt wird. Kunstdünger, Pestizide und Insektizide werden so von der einen zur anderen Plantage getragen, was eine Bioproduktion nahezu unmöglich macht. Lediglich zwei Teegärten am Fuße eines Gebirgszuges, der Assam von Bangladesch abgrenzt, sind auf biologischen Anbau umgestiegen. Sie liegen zwar nur geringfügig höher, aber hoch genug, um vom Hochwasser verschont zu bleiben.

In Darjeeling sind mittlerweile fast 80 Prozent der Teegärten auf Bioproduktion umgestellt. Die Anforderungen des Handels, keine Pestizide und Insektizide zu verwenden und möglichst wenig Qualitätsschwankungen aufzuweisen, werden damit erfüllt.

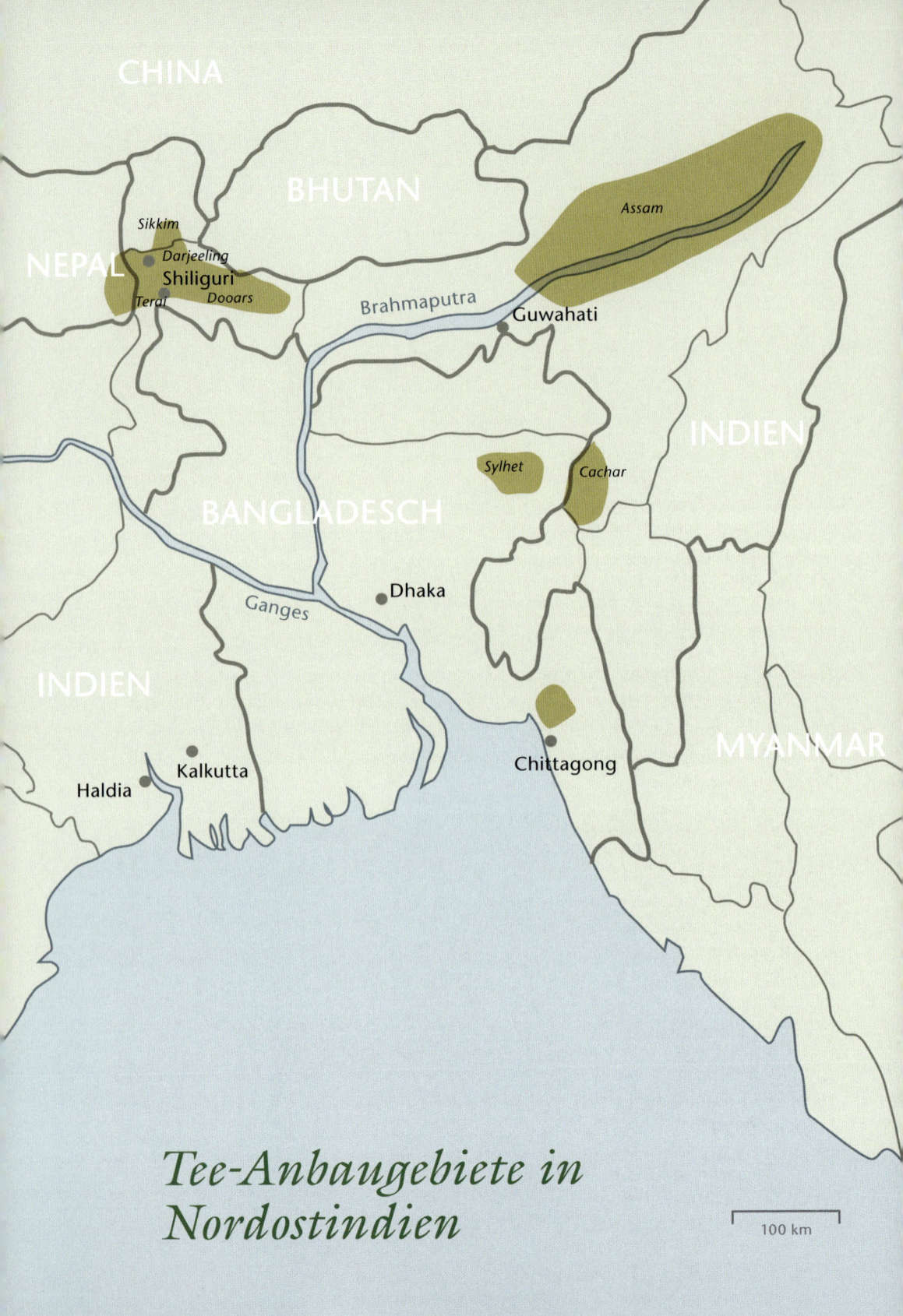

Tee in Indien

Die ersten Anbauversuche starteten in Indien bereits um 1700. Ein geringes Interesse sowie viele lokale Streitereien und Kriege führten dazu, dass erst um 1830 mit dem Tee-Anbau in Plantagenform begonnen wurde. Mittlerweile ist Indien das Aushängeschild für schwarzen Tee. Davon zeugen die verschiedenen Anbauregionen im Land.

Darjeeling

Klima, Bodenbeschaffenheit und die dichte Bewaldung dieser Gebirgsregion stellten sich nach mehreren Versuchen als geradezu ideal für den Tee-Anbau heraus. Die ständige Feuchtigkeit dank der vielen Flüsse im Tal, die sich an den Bergen abregnenden Wolken und das tropische Klima des Dschungels am Fuße der Berge boten der Chinasaatpflanze von Anfang an optimale Bedingungen. Ob nun allerdings Samen aus China, von deutschen Mönchen in Bambusstöcken versteckt, oder die offiziell aus China von der East India Company importierten Saaten zur ersten Pflanzung führten, lässt sich aus heutiger Sicht nicht mehr feststellen.

Der Teegarten Steinthal, heute unter Singtom bekannt, war die erste Plantage in Darjeeling. Durch die Rodung des Urwaldes entstanden weitere Plantagen und mittlerweile gibt es in dieser Region um die 90. Immer wieder schließen sich Teegärten auch zusammen oder verlegen die Verarbeitung der Teeblätter in eine andere Fabrik.

Die Abholzung des ursprünglichen Dschungels zog viele negative Konsequenzen nach sich. Einerseits führte sie zu heftigen Erdrutschen, bei denen Plantagen nicht nur erheblich viel an Areal verloren, sondern auch eine große Gefahr für die Menschen darstellten. Andererseits wurde das natürliche Ökosystem gestört. Der Urwald speicherte tagsüber die notwendige Wärme und gab diese dann nachts dosiert ab. Das hatte negative Auswirkungen auf die Qualität, primär auf den Geschmack des Tees.

In Darjeeling wird Tee etwa 300 bis 2250 Meter über dem Meeresspiegel angebaut. Je höher das Anbaugebiet liegt, desto größer ist der Anteil an reinen Chinasaatpflanzen. In den unteren Regionen wird in einigen Plantagen auch reine Assamsaat angepflanzt, meist handelt es sich jedoch um Hybriden aus beiden Stammpflanzen.

Die Ernte beginnt Mitte bis Ende März und endet im November. In den niedriger gelegenen, wärmeren Regionen ist sogar ganzjährig eine Ernte möglich. Pro Jahr werden etwa 10.000 Tonnen geerntet. Darjeeling-Tees werden meist außerhalb

Inderinnen beim Sortieren der Blattgrade

der Auktionen direkt auf der Plantage verkauft. Nur wenige Partien, die so keinen Interessenten finden konnten, werden über die wöchentliche Kalkutta-Auktion veräußert.

Der Darjeeling zeichnet sich generell durch eine helle Tassenfarbe und einen zarten, leichten, dezent blumigen Geschmack aus.

First Flush
Anfänglich bezeichnete man ausschließlich die erste Pflückrunde nach der winterlichen Vegetationsruhe als „First Flush". Der Stichtag zum Beginn der ersten Ernte durfte nicht vor dem 15. März eines Jahres liegen. In den Regionen um 2000 Meter Seehöhe begann die Ernte erst am 1. April eines Jahres. Zwar versuchte man, auch die zweite Pflückrunde als First-Flush-Tee zu vermarkten, da die erzielten Preise meist ausgesprochen hoch und für die Plantagenbesitzer sehr attraktiv waren, aber die deutlich schlechtere Qualität dieser Tees sprach für sich – Handel und Tea-Taster in Europa waren sich einig, dafür nicht die hohen Preise zu bezahlen.

Ein reiner First-Flush-Tee besitzt leicht grau-grünliche Blätter sowie kaum oder nur sehr wenige Tips und wenn, sind die Spitzen meist weiß. Die aufgebrühten Blattrückstände, die sogenannte Infusion, zeichnen sich durch einen intensiv blütenreichen Duft, dem Maiglöckchen sehr ähnlich, und einen etwas herberen, aber trotzdem blumigen Geschmack aus und weisen aufgebrüht eine gelblich grüne Tassenfarbe auf. Liegt ein leichter, heller, fast kupferartiger Schimmer auf den aufgebrühten Blattrückständen, ist der Tee länger haltbar. Je dunkelgrüner die Farbe der Infusion ist, desto kürzer ist die Haltbarkeit des Tees.

Viele Partien werden per Flugzeug nach Europa, besonders nach Deutschland gebracht. Eingeflogene Tees – also Flugtees – sollten möglichst schnell konsumiert werden, da sich das zarte Aroma nicht sehr lange hält und meist nach einigen Monaten kaum noch vorhanden ist. Über den Seeweg transportierter Tee hält sein Aroma zwar meist deutlich länger, ist jedoch nicht mehr ganz so frisch und belebend, dafür aber recht gut haltbar und auch preislich günstiger. First-Flush-Tees fermentieren kaum länger als 30 Minuten. Normalerweise dauert die Fermentation bis zu zwei Stunden. Durch die kurze Fermentationszeit behält der Tee deutlich mehr Gerbstoffe als andere Teesorten. Dies zeigt sich auch im meist herberen Geschmack der First-Flush-Tees.

In guten Teegeschäften erkennt man den First-Flush-Darjeeling an der Jahreszahl sowie an der laufenden Partienummer des Teegartens. 02/2013 steht zum Beispiel für zweite Partie des Jahres 2013. Diese Nummer sollte besonders bei den Flugtees hinterfragt werden.

Teelager in Kalkutta

Genusstipp

Ein guter First-Flush-Darjeeling sollte ohne Milch oder Sahne getrunken werden, um das feine, zarte Aroma nicht zu überdecken. Gegen Zucker ist hingegen nichts einzuwenden.

Teeplantage im Gebirge

In Between
Als „In Between" bezeichnet man den zwischen First und Second Flush geernteten Tee. In-Between-Tees erkennt man an einer dunkelgrünen bis bräunlichen Blattfarbe, einer dunkelgrünen Infusion und einer dunkelgrünen bis bräunlich grünen Tassenfarbe. Von der Qualität handelt es sich dabei um sehr einfache und kaum haltbare Tees, die sich allerdings hervorragend zum Mischen mit First-Flush-Tees eignen. In-Between-Tees werden normalerweise zwischen Ende April und Mitte bis Ende Mai geernet. Mittlerweile hat das Tea Board of India, das Kontrollorgan des indischen Teehandels, entschieden, dass alle bis Mitte Mai geernteten Tees in Darjeeling als First-Flush-Tees bezeichnet werden dürfen. Dadurch erhofft man sich deutlich bessere Preise für die günstigeren und qualitativ minderwertigeren Übergangstees.

Second Flush
Die zweite wichtige Ernteperiode von Qualitätstees in Darjeeling, die sogenannte „Sommerernte", beginnt Mitte/Ende Mai und ist abhängig von Witterung und Wärme. Gute Second-Flush-Darjeelings werden bis Mitte/Ende Juni geerntet, je nachdem, wann der Monsunregen einsetzt.

Der Second-Flush-Darjeeling zeichnet sich durch ein dunkelbraunes Blatt mit vielen goldenen Tips sowie einer braunen Infusion aus – bei hervorragenden Tees goldbraun bis kupferbraun, bei schlechteren Qualitäten braun bis dunkelbraun. Der Duft der Blattrückstände ist dezent würzig, leicht blumig und meist auch etwas süßlich, die Tassenfarbe rötlich braun bis braun. Der blumige, mild würzige, etwas süßliche Geschmack gleicht dem Duftaroma und verbleibt meist recht lange auf der Zunge oder dem Gaumen. Im Gegensatz zu den First-Flush-Tees ist der Second-Flush-Darjeeling geradezu unbegrenzt haltbar.

Hervorragende, ausgesuchte Lagentees erzielen häufig Spitzenpreise. Bis etwa in die Mitte der 1970er-Jahre wurde diese Produktion äußerst umsichtig und fachkundig durchgeführt. Auf einigen Plantagen – etwa auf der Runglee Rungliot – begleitete der Manager höchstpersönlich eine ausgesuchte Gruppe Pflückerinnen und bestimmte, von welchem Busch die frisch gewachsenen Blätter geerntet werden sollten. Dabei wurde auf ein ausgewogenes Verhältnis von Assam- und Chinasaatblättern geachtet. Die Chinasaatblätter gaben dem Tee das wunderbare Aroma und den Duft, die Assamsaatpflanzen sorgten für die goldbraune Tassenfarbe.

> **Genusstipp**
>
> *Der Second-Flush-Darjeeling kann mit einigen Tropfen Milch oder Sahne und etwas Zucker serviert werden.*
>
> *Die Ziehzeit der Blätter sollte nicht länger als drei Minuten dauern.*

Für große Erleichterung bei der Ernte sorgen die aus Saaten gezogenen Chinabüsche, da sie, sobald sie erntereif sind, einen fruchtigen und süßlichen Duft ausströmen. Dieser Duft entwickelt sich aber nur für eine sehr kurze Zeit. Bei Stecklingsteepflanzen gibt es dieses wunderbare Dufterlebnis nicht.

Auf einigen Plantagen werden ausgesuchte Teebüsche in besonderen Lagen auch nur einmal im Jahr gepflückt. Meist sind diese Büsche im felsigen Gebirge und daher sehr schwer zu erreichen. In einigen Teegärten, zum Beispiel auf Castleton, gab man dieser Produktion das Prädikat „Muskatel". Dieser Begriff wurde allerdings dann von vielen anderen Teegärten kopiert.

Second-Flush-Darjeelings beinhalten sehr viele Gerbstoffe, die Fermentation dauert im Vergleich zu den First-Flush-Tees über zwei Stunden. Magenempfindliche Menschen sollten diesen Tee morgens möglichst meiden, da er auf nüchternen Magen getrunken sogar etwas Unwohlsein hervorrufen kann.

Regentee
Mit Beginn des Monsunregens Ende Juni / Anfang Juli endet die Sommerernte. Bei heftigem Regen und wärmeren Temperaturen gedeihen die Büsche hervorragend und die Haupterntezeit beginnt. Zuvor wurde nur in etwa ein Drittel der gesamten Darjeelingernte eingebracht. Die Qualität der Tees nimmt jedoch rasch ab – je später im Jahr geerntet und je heftiger der Regen wird, desto weniger Geschmack und Duft beinhaltet der Tee.

Trotzdem dürfen diese Tees immer noch als Second Flush angeboten werden, sie sind aber weit davon entfernt. Die Farbe des schwarzen Blattes bekommt einen leichten Grauschimmer, die Tassenfarbe wird immer heller und der Tee verliert immer mehr an Geschmack.

IT PAYS
TO BUY
GOOD TEA

Einige Plantagen versuchen dies zu umgehen, indem sie ab diesem Zeitpunkt die Blätter heißer trocknen, fast schon rösten. Diese Geschmacksnote findet man vorrangig bei Tees des Gartens Makaibari. Zwar werden die Tees durch diese Röstung noch etwas länger haltbar, aber das feine, zarte Aroma und der blumige Duft so auch vollkommen überdeckt.

Regentees finden auf vielfältige Weise Verwendung, hauptsächlich für Angebots- und Aktionspakete. Aufgrund unterschiedlicher Fermentationszeiten werden teilweise auch Qualitäten hergestellt, deren Blattgut dem der In Betweens sehr ähnelt. So produziert man im Spätsommer indirekt First-Flush-Tees, allerdings mit neutralem Geschmack. Trotz der schlechteren Qualität gelangen diese in First-Flush-Mischungen, wodurch sie international noch einen guten Preis erzielen können.

Anlieferung der gepflückten Teeblätter

Autumnal Tee
Im Oktober, teilweise sogar Anfang November ist das Wetter in der Gebirgsregion Darjeeling wieder trocken und etwas wärmer, was sich auch kurzfristig in der Qualität des Tees widerspiegelt.

Die Probe zeigt ein herbstlich buntes Blatt mit vielen schwarzen und braunen Anteilen, braunen Stalks wie Blattrippen und Blattstängel sowie einigen gelben und silberfarbenen Tips. Die Infusion strömt einen frischen, fruchtigen Duft aus und weist eine rötlich braune Farbe auf. Die Tassenfarbe erscheint hell rötlich bis dezent braun.

Man möchte glauben, ein wunderbarer, frischer und geschmacklich attraktiver Tee, aber Autumnal Tees sind Blender. Nach der Ernte schmecken sie hervorragend, allerdings sind Aroma, Duft und Geschmack häufig schon verflogen, wenn die Tees zur Verladung nach Europa kommen. Autumnal Tees eignen sich aber sehr gut zum Mischen mit Tees aus der ersten Qualitätsperiode, den Frühlingstees.

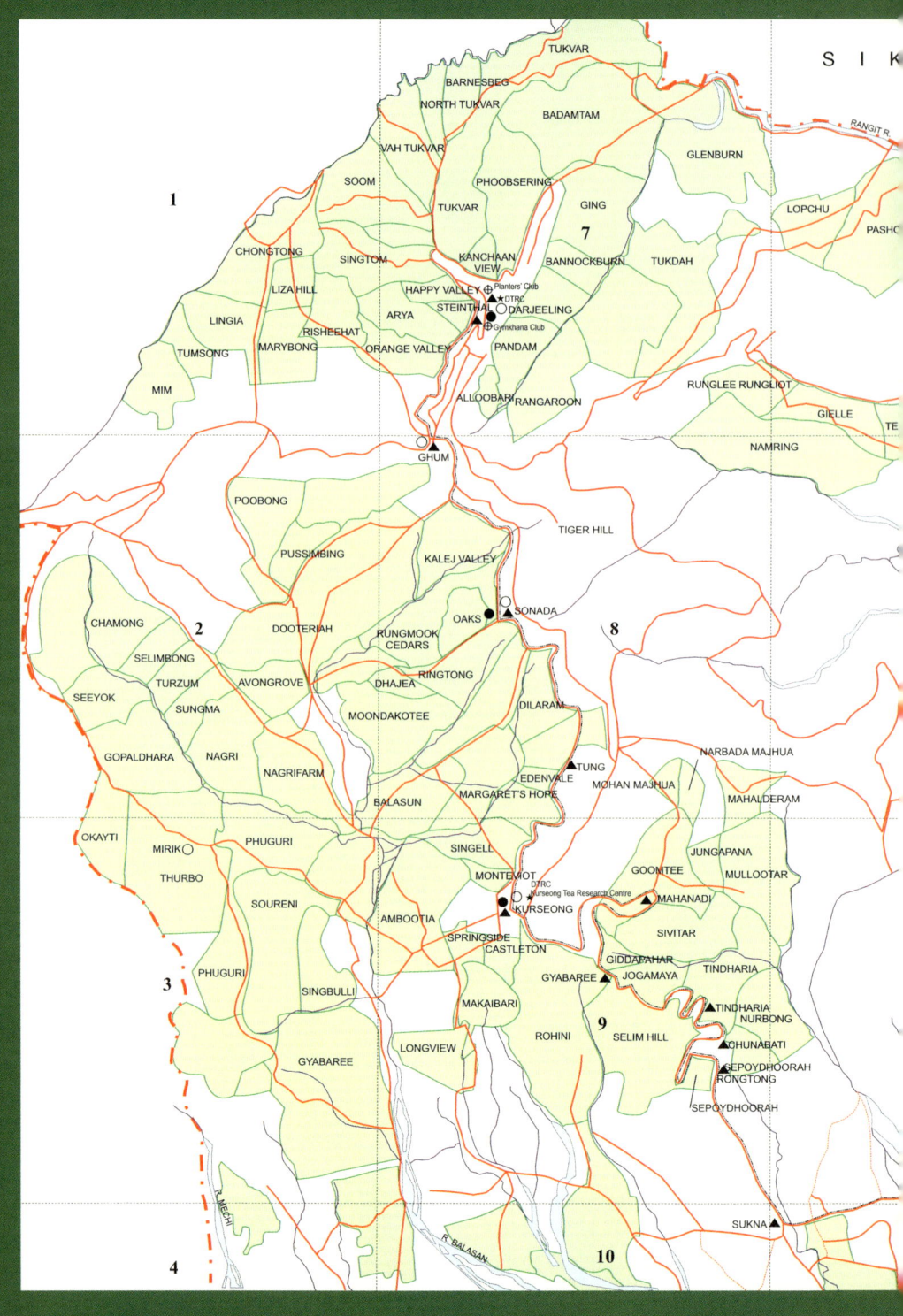

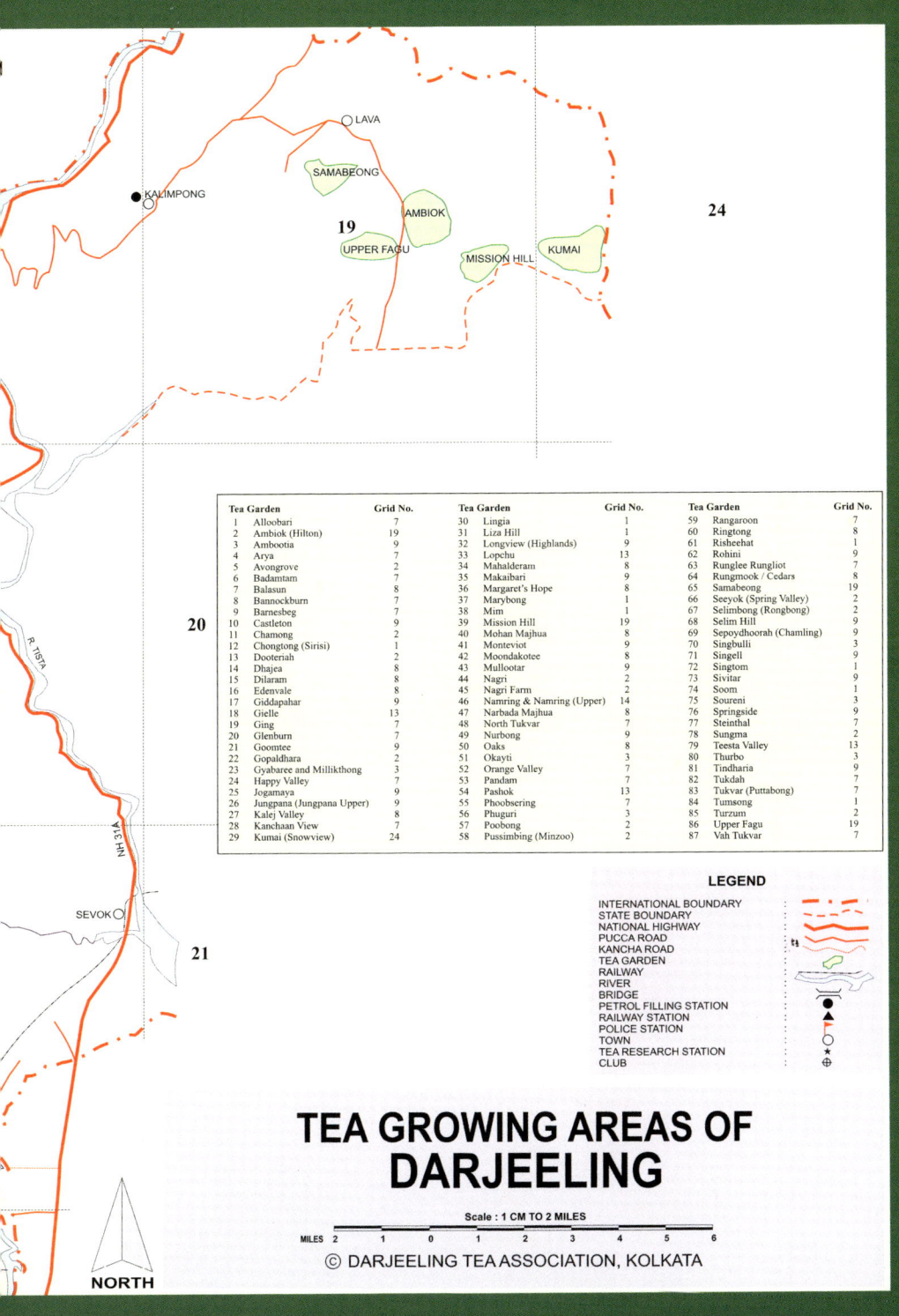

Dooars und Terai

Die Anbaugebiete Dooars und Terai grenzen am Fuße des Himalaja-Gebirges an Darjeeling an. Die Teepflanzen profitieren erheblich von den klimatischen Bedingungen dieser fruchtbaren Tiefebenen und gedeihen ausgezeichnet, sodass teilweise bereits ganzjährig geerntet werden kann.

Aus Dooars waren bis weit in die 1970er-Jahre nur die sogenannten Croppy Dooars, die Croppy-Tees, bekannt. Dabei werden in diesem Anbaugebiet hauptsächlich assamähnliche Tees mit einer etwas kräftigeren, dunkleren Tassenfarbe und im Frühjahr mit einem geradezu blumigen Geschmack hergestellt – ein idealer und wohlschmeckender Tee.

Dooars-Tees waren vor allem in Deutschland sehr beliebt. Die Erntemengen stiegen von Jahr zu Jahr. Da für diesen leichten, hell abgießenden, duftenden, orthodox hergestellten Tee anderweitig kaum Interesse bestand, entschied man sich, die Produktion auf CTC umzustellen. Somit konnte man für diese Tees neue Märkte erschließen – für den deutschen Markt waren diese maschinell hergestellten Qualitäten allerdings uninteressant.

In Terai gibt es noch einige Gärten, die zu Beginn der Saison duale Produktionen durchführen – orthodox hergestellten Tee für den deutschsprachigen Raum und CTC-Tee für alle anderen Interessenten.

Die feinen Teraitees sind meist 14 Tage früher auf dem Markt als First-Flush-Darjeeling, besitzen ein diesem ähnliches Aroma und eine etwas dunklere Tassenfarbe. Sie eignen sich sehr gut zum Mischen mit First-Flush-Darjeelings, werden aber auch häufig unter Fantasienamen angeboten.

Nepal und Sikkim

Tees aus Nepal sind den Darjeeling-Tees sehr ähnlich. Sie wurden und werden zum Teil über die direkt angrenzenden Darjeeling-Teegärten verkauft. Aufgrund der Höhenlage und der Teepflanzen gibt es hier oft herausragende, sehr feine Qualitäten.

In Sikkim gibt es nur eine Plantage, die ebenfalls Teequalitäten herstellt, die dem Darjeeling sehr ähnlich sind. Aufgrund der geografischen Lage kommen die für Sikkim bekannten Temi-Tees etwa 14 Tage später als der Darjeeling auf den Markt.

Assam

Assam ist das größte zusammenhängende Tee-Anbaugebiet der Welt und liegt im Nordosten Indiens. Im Norden grenzt es an Bhutan, im Süden an Bangladesch. Assam wird vom Brahmaputra durchquert, dem wasserreichsten Strom Asiens, der das Klima weitgehend bestimmt. Subtropische Temperaturen von über 30°C und heftiger Regen lassen hier alles hervorragend gedeihen – besonders den Tee.

Assam-Tees sind für den deutschsprachigen Raum erst seit etwa 50 Jahren von Interesse und werden vor allem in Ostfriesland getrunken. Bis 1960 waren indonesische Tees von den Inseln Sumatra und Java Hauptbestandteil der ostfriesischen Mischungen. Aufgrund großer politischer Unruhen in Indonesien verließen viele Fachleute und Arbeiter die Plantagen, die Teepflanzen begannen zu verwildern, wodurch die Tees sehr schnell an Qualität verloren. Man suchte Ersatz und fand diesen in Assam, wo sogar ganzjährig geerntet werden kann. Lediglich im Frühjahr wird die Produktion etwas reduziert. Die Haupterntezeit beginnt im April, in der sehr leichte, gering würzige Tees mit einer hellen Tassenfarbe geerntet werden. First-Flush-Assam-Tees oder Assam-Tees aus der Frühlingsernte sind ideale Tees zum Mischen, aber ohne viel Eigencharakter und eher dünn in Geschmack und Farbe.

Erst Mitte Mai setzt die Second-Flush-Produktion ein, bei der ausgereifte, feine, kräftige, würzige und malzige Tees hergestellt werden. Diese zeichnen sich durch eine tiefrote Tassenfarbe und eine kupferfarbene Infusion aus. Assam-Tees beinhalten sehr viele ätherische Öle, was an dem mehrfarbigen, grün und blau schimmernden Film in der Tasse zu erkennen ist. Denn aufgebrühte Assam-Tees verfärben sich beim Erkalten. Man spricht hierbei auch vom Milchen der Tees. Die Farbe verändert sich von rötlich braun zu milchig braun – ein Qualitätsmerkmal, auf das besonders in Ostfriesland großer Wert gelegt wird. Je mehr und je schneller die Tees milchen, desto hochwertiger ist der Tee. Auf einigen ausgesuchten Teeplantagen wird darauf besonders hingearbeitet. Man erreicht diese Veränderung der ätherischen Öle durch ein bedachtes Rollen der Teeblätter. Die besten Produktionen finden nachts in der Zeit von 1 bis 5 Uhr statt, wenn es kühl ist und das Rollen der Teeblätter so durchgeführt werden kann, dass diese sich nicht während des Rollens erwärmen. Der Rollvorgang wird auch mehrfach unterbrochen, damit das Blatt wieder erkalten kann und die Gerbstoffe geschützt werden.

> **Genusstipp**
>
> *Assam-Tees sollten nur kurz ziehen – ein bis zwei Minuten reichen vollkommen. Der Tee kann mit etwas Zucker oder Kandis und auch Milch oder Sahne getrunken werden.*

Assam Broken oder Blatt, Assam CTC PF, Assam CTC BOP/BP1

Assam-Tees bilden die Grundlage guter Ostfriesenmischungen. Mindestens 80 Prozent einer solchen Mischung sollten aus Assam-Tee bestehen. Deutlich zu erkennen sind diese Tees an ihren goldenen Spitzen, einer rotbraunen Tassenfarbe sowie einem malzigen, würzigen Duft und Geschmack. Da diese Tees schnell färben und als Selfdrinker geradezu ideal für jedes Wasser sind, werden Assam-Tees oft für hochwertige Aufgussbeutel verwendet.

Nach beendeter Second-Flush-Ernte Ende Juni wird von der orthodoxen auf die CTC-Produktion umgestellt.

Die klimatischen Verhältnisse in dieser Region erlauben ein schnelles Wachstum des Tees. Um dieses weiter zu forcieren, wird sehr viel Kunstdünger eingesetzt und überdies werden Insektizide und Pestizide gespritzt. Dies führt zu einer starken Belastung der Assam-Tees, weshalb eine exakte analytische Kontrolle dringend erforderlich ist.

Aufgrund der Spritzmittel und der Kunstdünger gibt es in diesem Gebiet nur sehr wenige Bio-Teeplantagen. Der Brahmaputra überschwemmt das Land mehrmals im Jahr und sorgt somit dafür, dass der Kunstdünger und die gespritzten Schadstoffmittel von einer Plantage zur nächsten getragen werden.

In Assam wird schon seit vielen Jahren mit Maschinen gepflückt. Heckenscherenartige Geräte mit einem großen Auffangsack werden von zwei bis drei Arbeitern über die Büsche getragen. Eine maschinelle Pflückung eignet sich besser zur Herstellung von CTC-Tees, wird aber auch bei orthodoxen Tees angewendet.

Gute Assam-Tees finden im direkten Handel mit den Teegärten ihre Käufer. Alle anderen Partien werden größtenteils in Guwahati, der Rest in Kalkutta auf Auktionen versteigert.

Travancore, Mudi und Anamalai

Diese Anbaugebiete liegen in Südindien in den Bundesstaaten Kerala und Tamil Nadu und zum geringen Teil auch in Karnataka. Bis etwa Mitte der 1970er-Jahre waren die Qualitäten aus Mudi und Anamalai für Europa interessante Mischtees. Mittlerweile stellt man dort fast ausschließlich CTC-Tees für den lokalen Markt her. Im Vergleich zu den Assam-Tees sind diese Qualitäten für unsere heimische Aufgussbeutelproduktion kaum einsetzbar.

Sehr beliebt waren früher auch Tees aus den Blue Mountains, den Nilgiris. Qualitativ ähnelten sie sehr den feinen Hochlandtees aus Sri Lanka, entwickelten aber während der Haupterntezeiten ein intensives Aroma, das im Geruch fast Farblacken ähnelte. Aber auch hier ist man in der Produktion den Weg zulasten der Qualität gegangen: Quantität statt Qualität. Da diese Tees aber trotzdem den Qualitätsansprüchen von Russland, China und Nordafrika entsprechen, können sie dort sehr hohe Preise erzielen. Für den europäischen Markt sind sie allerdings uninteressant geworden.

Fast am südlichsten Punkt Indiens gibt es noch ein kleines Anbaugebiet rund um die Plantagen Oothu. Ein Teil der dortigen Produktion wird biologisch durchgeführt, die Mehrzahl der Tees aber auf CTC-Basis.

Tees aus Südindien werden in Auktionen in Coimbatore, Kochi und Coonoor verkauft. Hauptverladehafen ist die Gewürzstadt Kochi, für Tees aus Coimbatore der an der Ostküste gelegene Hafen Thoothukudi.

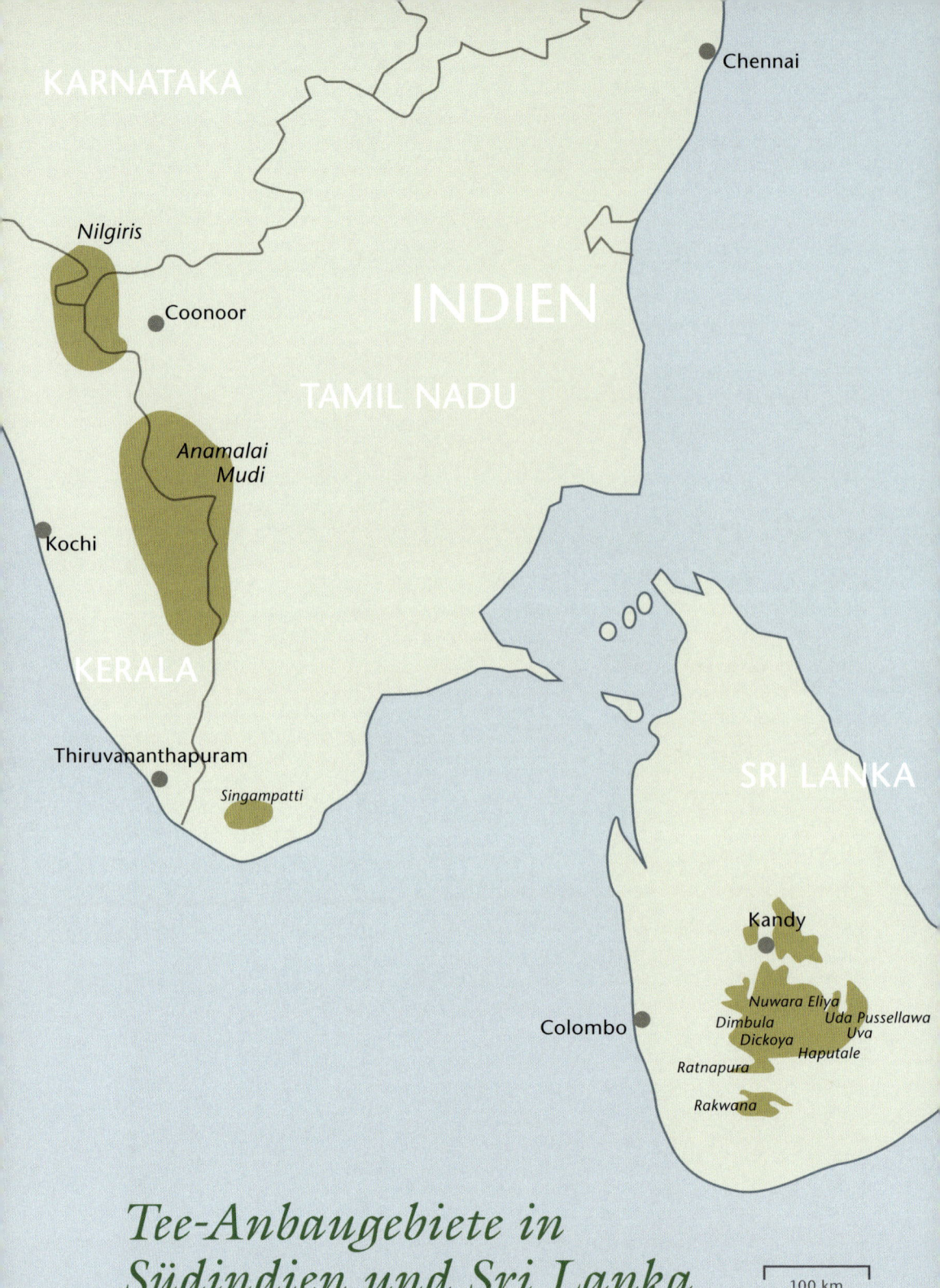

Tee-Anbaugebiete in Südindien und Sri Lanka

Tee in Sri Lanka

In Sri Lanka – im Teehandel spricht man immer noch von Ceylon – existieren drei unterschiedliche Tee-Klassifikationen: Lowgrown Tees (wachsen in Höhen bis zu 600 Metern), Mediumgrown-Tees (wachsen in Höhen zwischen 600 und 1200 Metern) und Highgrown Tees (wachsen in Höhen zwischen 1200 und 2000 Metern).

Im 18. Jahrhundert war Ceylon ein wichtiges Zentrum für den Anbau von Kaffee. Jedoch ruinierte am Ende des 18. Jahrhunderts Kaffeerost, eine Pilzkrankheit, große Teile des Ertrags. Viele Pflanzer gaben daraufhin ihre Arbeit auf, einige aber versuchten stattdessen, Tee anzubauen – und waren erfolgreich. Auf der Plantage Loolecondera startete man etwa mit Chinasaatbüschen, ersetzte diese aber nach und nach durch Assamsaatpflanzen. Die Mehrzahl der heute eingesetzten Pflanzen stammt von der Assamsaat. Daneben existieren immer noch sehr hoch gelegene Plantagen im Gebiet Nuwara Eliya, auf denen nur Chinasaaten eingesetzt werden können, da diese frostresistent sind.

In Sri Lanka werden die Teeblätter ganzjährig geerntet, meist in Intervallen von etwa 21 Tagen. Die Pflückerinnen und Arbeiter gehören der tamilischen Bevölkerung an, da die heimischen Singhalesen an dieser Tätigkeit kaum interessiert sind. Zum Großteil produziert man heute orthodox hergestellte Tees, die Produktion von Grüntee und CTC-Tee befindet sich im Rückgang. Nach der Herstellung werden die Tees im Rahmen von Auktionen in Colombo versteigert, ehe sie vom dort befindlichen Hafen verschifft werden.

Dimbula und Dickoya

Vorteilhaft für Sri Lanka sind die wechselnden Monsunwinde. Während zu Beginn des Jahres in den westlichen Gebieten Trockenheit herrscht, regiert auf der Ostseite der Regen. Zwischen Juni und September verhält es sich genau umgekehrt: Zu dieser Zeit regnet es im Westen stark, während im Osten trockenes und warmes Wetter vorherrscht. In den Gebieten Dickoya und Dimbula beginnt die Trockenheit im Dezember und endet im März. Dimbula ist ein lang gestrecktes Tal, Dickoya befindet sich im bergigen Hochland. Die hier wachsenden Tees sind von besonderer Qualität und zeichnen sich durch ihr zitrusartiges Aroma aus. Es handelt sich um typische Early Morning Teas von rötlich brauner Farbe mit einer kupferfarbenen Infusion. Zudem halten Tees aus dieser Region ihren Geschmack ausgesprochen lange.

Nuwara Eliya (Nurelia)

Das Plateau liegt zwischen dem Dimbula- und dem Uda-Pussellawa-Gebiet auf einer Höhe zwischen 1500 und 2000 Metern und profitiert von beiden Trockenperioden – sowohl von jener im Sommer als auch von jener im Winter. Es gibt hier nur etwa zehn Plantagen, deren Produkte jedoch eine hohe Qualität aufweisen.

Uva und Uda Pussellawa

Im Gegensatz zum Dimbula-Tal ist das Uva- und Uda Pussellawa-Gebiet übersät mit vielen kleineren Hügeln und Bergen, die kaum höher sind als 1000 Meter. Während der Trockenheit im Sommer erntet man hier kräftige Tees, deren Duft und Geschmack fruchtig sind und an Preiselbeeren erinnern. Die Tassenfarbe ist dunkel- bis braunrot. Die Infusion kann dunkelgrün erscheinen, fällt aber meist dunkelbraun aus. Uva-Tees halten ihr Aroma und ihren Duft nicht so lange wie Dimbula-Tees, sollten daher innerhalb eines Jahres getrunken werden.

Lowgrown Tee

Dieser Tee wird sowohl nördlich der Kaiserstadt Kandy im Matale-Gebiet als auch im Süden um die Edelsteinstadt Ratnapura angebaut. Weiter südlich, rund um die Stadt Rawana, befinden sich zusätzliche Anbaugebiete. Die Lowgrown Tees sind in der Blattfarbe fast schwarz und können einige goldene Tips beinhalten. Als besonders beliebte Sortierung für Europa gibt es einen BOP1-Typ: Dabei handelt es sich um einen Blatt-Tee mit Brokenanteil, der eine dunkle Tassenfarbe und einen kräftigen Geschmack aufweist. Lowgrown BOP1 – Semi-Leaf-Tee – findet in Europa häufig zum Aromatisieren Verwendung. Hauptabnehmer für die Lowgrown Tees sind die arabischen Länder, nicht ohne Grund, eignet sich dieser Teetyp hervorragend zur Zubereitung in einem russischen Samowar. Geschmacklich gleichen Lowgrown Tees den Assam-Tees, weisen jedoch eine klar rötliche Tassenfarbe auf und sind meist preisgünstiger.

Blattgrade und Sortierung der Ceylon-Tees

Ceylon Highgrown Orange Pekoe   *Ceylon Highgrown Pekoe*

Folgende Tees sind für Sri Lanka charakteristisch:

- **OP:** typischer Highgrown Blatt-Tee

- **BOP1:** Lowgrown, Semi Leaf, Blatt-Tee mit hohem Brokenanteil

- **OPA:** Lowgrown, grober Blatt-Tee

- **FBOPF1:** Lowgrown Semi Leaf BOP1 mit goldenen Tips

- **Pekoe:** Highgrown, gröber als Broken, aber kleiner als Blatt-Tee

- **BOP:** sehr kleines Blatt, fast ein Aufgussbeuteltee

- **BOPF:** feinkörniger, kleinblättriger Tee, Aufgussbeuteltee

Tee-Anbaugebiete in Japan und Korea

Tee in Japan und Korea

Der Tee-Anbau in Japan verfügt über eine sehr lange und alte Tradition. Die ersten Pflanzen wurden vom chinesischen Festland mitgebracht. Etwa 300 Kilometer südlich von Tokio beginnt das Anbaugebiet. Hauptgebiete auf der östlichen Inselseite sind die Präfekturen von Shizuoka, Mie und Nara, Kagoshima im Süden und Kyōto im Westen. Die Tee-Anbaugebiete erstrecken sich über eine Distanz von circa 1600 km – von der nordöstlich von Tokio gelegenen Präfektur Saitama bis zur Insel Kyūshū im Westen. Neben geringen Mengen von halb fermentierten Tees werden ausschließlich grüne Tees produziert.

Die bekanntesten und wichtigsten Anbaugebiete

Shizuoka: Direkt am Fuße des Fujiyama gelegen, ist Shizuoka das größte Anbaugebiet und stellt etwa zwei Drittel der Gesamtproduktion Japans her. Klima, Lage und die Bodenbeschaffenheit sind geradezu ideal für den Tee-Anbau.

Uji: Eines der ältesten Anbaugebiete Japans liegt in der Gegend um Uji, nahe der Kaiserstädte Kyōto und Nara. Dieses Gebiet gilt auch als Wiege der japanischen Teekunst.

Kyūshū: Die zweitgrößte Region für den Tee-Anbau inkludiert Gärten mit den klingenden Namen Ureshino und Yame, die weltweit geläufig sind. Bekannt sind diese Tees für eine feine Süße und einen zarten Duft. Auch der Tamaryokucha wird in dieser Gegend hergestellt.

Die Ernte beginnt – entsprechend der Witterung – Ende April beziehungsweise Anfang Mai. Die ersten frisch gewachsenen grünen Blätter werden häufig mit Reet- oder Bambusmatten abgedeckt, damit die Sonneneinstrahlung die Inhaltsstoffe nicht beschädigen oder reduzieren kann. Aus den ersten zarten Blättern wird Matcha-Tee hergestellt – dabei werden die Blätter umgehend nach der Ernte in alten Steinmühlen zu Pulver zerrieben.

Parallel dazu produziert man den Gyokuro (auf Deutsch: „edler Tautropfen"), einen der feinsten Tees Japans. Gyokuros zeichnen sich durch haarnadelfeine, zarte, neongrüne Blätter aus. Sobald die Blätter etwas gewachsen sind, beginnt die Ernte der First-Flush-Sencha-Tees, die eine ähnliche Blattbeschaffenheit wie die Gyokuros aufweisen. Geschmacklich ist der Gyokuro etwas frischer und herber, während der First-Flush-Sencha einen blumigen Duft ausstrahlt und dezent süß schmeckt.

Ovale Teeblätter in Japan

Matcha, Gyokuro und First-Flush-Sencha sollten möglichst verschlossen im Kühlschrank aufbewahrt werden. Nur so kann sich das feine, zarte Aroma länger halten.

Für ausgesuchte Tees dieser Ernte werden teilweise Spitzenpreise von über 8000 US-Dollar pro Kilogramm bezahlt. In Japan werden insgesamt etwa 100.000 Tonnen Tee pro Jahr produziert, von diesen drei Sorten jedoch kaum mehr als 100 Tonnen im Jahr. Alle drei Teearten zeichnen sich durch ihren hohen Koffeingehalt aus und sind hervorragende Muntermacher. Teeexperten lassen den ersten Aufguss feinster Gyokuros nur 22 bis 24 Sekunden ziehen – und gehen so weit, die Zeit sogar mit der Stoppuhr zu messen. Die Wassertemperatur liegt beim Aufguss zwischen 66°C und 69°C.

Die Qualitätsernte dauert bis Mitte/Ende Juni, bevor dann die Ernte der einfacheren Regenqualitäten einsetzt. Zum Ende der Teesaison, also Mitte/Ende August, werden die Teebüsche zurückgeschnitten. Der Rückschnitt gelangt als Bancha-Tee auf den Markt. Lediglich ausgesuchte Matcha-, Gyokuro- und First-Flush-Sencha-Tees werden händisch geerntet, alle späteren Tees werden maschinell eingebracht. Dafür wurden in Japan auch extra aus der Thea sinensis Teepflanzen gezüchtet, deren Blätter nicht spitz, sondern oval bis rundlich verlaufen. Spitz zulaufende Blätter werden bei maschinellen Pflückungen leichter verletzt und zerschnitten, was ein sofortiges Austreten der Blattsäfte und ein Oxidieren zum schwarzen Tee nach sich ziehen kann.

Nach erfolgter Ernte werden die Blätter innerhalb einer Stunde mithilfe von kochendem Wasserdampf blanchiert. 21 Sekunden lang dauert dieser Vorgang, ehe die Blätter weiterverarbeitet werden. In der Mehrzahl der Fabriken wird die gesamte Produktion vollautomatisch durchgeführt und nur von einer oder zwei Arbeitskräften vor Computerbildschirmen überwacht. Der fertige grüne Tee wird luftdicht verschlossen und bis zur weiteren Verarbeitung in Kühlräumen gelagert.

> **Zubereitung von grünem Sencha-Tee**
>
> *Für die Zubereitung gibt es eine wichtige Grundregel:*
>
> *Je heißer das Wasser ist, desto herber oder bitterer wird der Geschmack!*
>
> *Weichen und milden Geschmack erzielt man, indem man das abgekochte Wasser circa fünf bis zehn Minuten offen stehen und so auf 70°C bis 80°C erkalten lässt.*

Bekannte japanische Teesorten: Matcha (Teepulver), Gyokuro, First-Flush-Sencha, Tamaryokucha, Sencha, Bancha, Kukicha (Blattrippen der feineren Sencha-Tees), Kokeicha (aus Broken- und Fanningsabsiebungen mit Zusätzen versehener künstlicher grüner Blatt-Tee), Genmaicha (mit Puffreis gemischter grüner Tee) sowie Hōjicha (gerösteter grüner Tee).

Tee in Korea

Koreanische Tees waren bisher nahezu unbekannt, da sie einerseits unverhältnismäßig teuer waren und andererseits geschmacklich den japanischen Tees recht ähneln. Das alles hat sich seit Fukushima geändert, da die (unberechtigte) Angst vieler Teetrinker vor einer radioaktiven Kontamination japanischer Tees sehr hoch ist. Der Tee wird auf der im Süden liegenden Insel Jeju Island angebaut. Das Gebiet gehört zum UNESCO-Weltnaturerbe und ist besonders durch sein vulkanisches Gestein und seinen mineralienreichen Boden gut für den Tee-Anbau geeignet. Die durchschnittliche Temperatur liegt bei 15°C, die jährliche Regenmenge bei 1800 mm.

Beste Qualitäten werden während der Frühlingsernte in der ersten Aprilhälfte geerntet – gerade vor dem einsetzenden Frühjahrsregen. Dieser Tee zeichnet sich durch einen nussigen und leicht grasigen Geschmack aus und ist sowohl heiß als auch kalt genießbar.

Japanische Teezeremonie

Der wichtigste Grund für die japanischen Teezeremonien liegt in der Besinnung des Gastgebers auf die Gäste – und umgekehrt. Als Grundlage gilt ein pulverisierter Grüntee – Matcha. Die Blätter für Matcha werden nach der winterlichen Vegetationsruhe als erste gepflückt und sind reich an Inhaltsstoffen und Koffein. Die Teeblätter für Matcha werden nach der Verarbeitung in speziellen Steinmühlen gemahlen, anschließend luftdicht verpackt und in Kühlräumen gelagert.

Die Abläufe der unterschiedlichen Teezubereitungen sind genau vorgeschrieben und werden in der Regel von ausgebildeten Teemeistern durchgeführt.

Matcha-Pulver wird in eine vorgewärmte Teeschale gegeben, mit heißem Wasser aufgegossen und mit einem Bambusbesen aufgeschlagen, bis sich auf der Oberfläche ein feiner Schaum bildet.

Tee in China

Tee-Anbau im Hochland Fukiens / China

China ist das Mutterland des Tees. Schon vor 3000 bis 4000 Jahren wurde hier mit dem Tee-Anbau begonnen. Vor allem die südlichen Provinzen eignen sich besonders als Anbaugebiete. Genaue Zahlen zu den Erntemengen von Tee in China werden nicht veröffentlicht. Allerdings konnte man in den letzten Jahren davon ausgehen, dass circa 800.000 bis 1.000.000 Tonnen Tee hergestellt wurden. Davon waren rund 80 Prozent grüner und weißer Tee und 20 Prozent schwarzer Tee. 80 Prozent der Erntemenge werden in China selbst konsumiert, nur etwa 20 Prozent gelangen in den Export.

Der Tee wird sowohl in kleinen bäuerlichen Betrieben als auch auf großen Plantagen angebaut. Die Ernten beginnen offiziell am 15. März und enden im Spätherbst. Feinste Tees der ersten Frühlingsernte, hell abgießende und zarte Tees, vor allem die weißen Teesorten erzielen bei Kennern in China, Hongkong und Japan Höchstpreise. Erst die ab Mai geernteten Tees gelangen außer Landes.

Bis zum Ende der 1990er-Jahre wurde chinesischer Tee international fast ausschließlich als Standardtee gehandelt. Die produzierten Tees sowohl der großen Betriebe als auch der kleinen bäuerlichen Farmen wurden zusammengetragen, gemischt, in Standards klassifiziert und entsprechend im Handel angeboten. Erst seit der Öffnung Chinas sind mehrere unterschiedliche Teesorten aus verschiedenen Provinzen bekannt und auch im europäischen Handel verfügbar. Der Eigenkonsum Chinas ist sehr hoch, es werden fast nur qualitativ hochwertige Tees getrunken, ausschließlich jedoch grüne und weiße. Billige, einfache Sorten findet man kaum in den Geschäften oder Basaren, diese werden exportiert. Ebenso verhält es sich mit Aufgussbeutelqualitäten.

Die Blattgrade Fannings und Dust, die beim Mischen und bei Absiebungen entstehen, werden nahezu vollständig exportiert, vorrangig nach Europa.

Bekannte grüne Tees aus China

- **Mee Cha:** kleine, kurze, gelbgrüne Teeblätter, würziger Geschmack, gelbgrüne Tassenfarbe, bekannt als Chun Mee, wird auch maschinell im Sommer geerntet

- **Bamboo Leaf:** grobe, fleischige, lange, jadegrüne Blätter, fruchtiger Geschmack, kräftig grüne Tassenfarbe, wird im Frühling geerntet

- **Gunpowder:** kugelige, jade- bis olivgrüne Blätter, herber Geschmack, grünlich braune Tassenfarbe, wird auch maschinell im Spätsommer geerntet

- **Lung Ching:** breite, flach gepresste jadegrüne Teeblätter, blumig milder Geschmack, hellgrüne bis gelbliche Tassenfarbe

- **Mao Feng:** großes, langes, gelbgrünes Blatt, fruchtig milder Geschmack, klare gelbgrüne Tassenfarbe

- **Pi Lo Chun:** zarte, weiß-grüne, gekräuselte Blätter, süßlich fruchtiger Geschmack, dunkelgelbe bis grünliche Tassenfarbe, wird im Frühling und im Sommer geerntet

Oben: Gunpowder, unten: Lung Ching

Chinatee – Kunstwerke

Teekunstwerke mit aufgehenden Blüten in eine Glasteekanne geben, fast kochendes Wasser auf das Kunstwerk gießen. Die Teeblätter und die Blüte beginnen sich zu entfalten. Links: fertiges, servier- und trinkbereites entfaltetes Teekunstwerk mit Lilienblütenblättern.

Bekannte schwarze Tees aus China

In China wird der schwarze Tee entsprechend seiner Tassenfarbe als roter Tee bezeichnet.

- **Keemun:** fast schwarzes Blatt in unterschiedlichen Größen, nussig würziger Geschmack, kräftig rote Tassenfarbe, angebaut in Anhui
- **Yunnan-Tee:** nicht bitternder Assam-Tee Chinas, Selfdrinker, auch für sehr hartes Wasser geeignet; schwarzes Blatt mit vielen goldenen Spitzen, würziger, kräftiger, dezent malziger Geschmack, dunkelrote bis braunrote Tassenfarbe
- **Souchong-Tee:** unsortiertes, grobes schwarzes Blatt, vorrangig für aromatisierte Tees wie Tarry Lapsang Souchong (Rauchtee), Rosenblütentee und Litschi-Tee verwendet
- **Oolong-Tee:** halb fermentierter Tee, brotig blumiger Geschmack, besondere Spezialität aus Taiwan; grüner Oolong Tee: deftiger, kräftiger, fruchtiger Geschmack. Beide Tees sind Selfdrinker und auch für hartes bis sehr hartes Wasser geeignet.

Bekannte weiße Tees aus China

- **Silver Needle & Buds:** Ausschließlich noch nicht entwickelte Blattspitzen werden verwendet. Nach der Ernte von „two leaves and a bud" werden die „buds" händisch von den „two leaves" getrennt und gesondert luftgetrocknet. Für ein Kilogramm weißen Tee benötigt man 20.000 bis 22.000 „buds". Tee mit großer homöopathischer Wirkung, leichter, süßlicher Geschmack, Wellnesstee, silbriger Flaum, hellgelbe Tassenfarbe

Chinesische grüne und weiße Tees

Two leaves and a bud   China White Buds / Needles

- **Pai Mu Tan:** unregelmäßiges, grobes Blatt, Topqualität: silbrig grünes Blatt mit zartem Flaum, Mediumqualität: grün-gelbes Blatt mit einigen Stängeln; einfache Qualität: dunkelgrünes Blatt mit vielen bräunlichen Anteilen, zarter, milder, dezent fruchtiger Geschmack, Blattfarbe spiegelt sich in der Tassenfarbe wider.

Jasmintee

Grüner oder weißer Tee, zarter, natürlicher Jasminduft. Bei der Herstellung werden Jasminblüten üppig auf den Tee gelegt. Nachts öffnen sich die Blüten, der Duft strömt heraus und haftet sich an die Teeblätter. Anschließend werden die Blüten wieder herausgesucht. Nur in billigen, einfachen Sorten verbleiben die nunmehr getrockneten Blüten zur optischen Aufhellung im Tee. Gute Jasmintees halten ihr Aroma über Jahre. Eine geringe Dosierung ist möglich. Gelegentlich werden auch schwarze Tees und Pu-Erh-Tees als Jasmintee angeboten. Der Jasminduft hält sich in diesen Teesorten nur kurzfristig.

Pu-Erh-Tee

Roter, mehrere Wochen fermentierter Tee, unregelmäßiges, rotbraunes Blatt, dunkelrote Tassenfarbe, herber und stark erdiger Geschmack, kräftiger Tee, mehrfaches Aufbrühen ist möglich.

Tee in Afrika

Obwohl die ersten Teepflanzen bereits um 1687 am Kap der Guten Hoffnung gesetzt wurden, begann man erst Ende des 19. Jahrhunderts mit kommerziellen Pflanzungen. In Malawi, nahe der Stadt Blantyre, erzielte man 1878 mit den ersten Versuchen des Anbaus vielversprechende Anfangserfolge mit Teesaaten aus Sri Lanka von der Plantage Kew. In den Nachbarländern Mosambik und Rhodesien (heute Simbabwe) folgten prompt darauf weitere Anpflanzungen.

Afrikanischer Tee wird in Deutschland und Österreich relativ wenig getrunken. Die Gründe dafür liegen in der maschinellen CTC-Herstellung dieser Tees, die beinahe ausschließlich Aufgussbeuteltee-Produktionen nach sich zieht. Auch die Tatsache, dass viele afrikanische Tees durch das weiche Wasser einen metallischen Geschmack entwickeln, kann Grund für die geringe Konsumation sein. Zu allem Überfluss halten diese Tees ihr Aroma nicht sehr lange. Afrikanische Tees sollten möglichst bald nach der Ernte konsumiert werden.

Der Hauptgrund für die recht unzuverlässigen Produktionen liegt in der Qualifikation der Arbeitskräfte. Nur wenige Plantagen verfügen über einen ausreichenden, regelmäßig verfügbaren Personalstamm. Nirgendwo sonst wechseln die Arbeitskräfte so schnell und so häufig wie etwa in Kenia und Tansania.

In Kenia begann man 1904 mit dem Anbau im Limuru-District, unweit der Hauptstadt Nairobi. Heute wächst der Tee in unterschiedlichen Regionen bis an den Victoriasee. Die erste Teeauktion fand im November 1957 in Nairobi statt. Tee wird in Kenia von vielen kleinen bäuerlichen Betrieben angebaut, teilweise in skurrilen Formen. So kann man etwa hochgewachsene Teebäume sehen, deren Blattkronen kugelrund gepflegt wurden. Diese sind zwar wunderschön anzuschauen, allerdings erweist sich die Ernte mit hohen Leitern als äußerst unpraktisch. In Kenia wird außerdem das ganze Jahr über geerntet. Die qualitativ hochwertigsten Tees entstehen jedoch während der Trockenzeit im Jänner, Februar und März.

In Uganda startete man um 1900 mit den ersten Versuchen des Tee-Anbaus, erreichte aber erst ab 1960 nennenswerte Quantitäten für den Export.

Händische Ernte in Kenia

Tansania begann mit dem Tee-Anbau in den nördlich gelegenen Usambara-Bergen. Die ersten Pflanzen wurden von deutschen Einwanderern gesetzt, da der bis dahin angebaute Kaffee nicht mehr erfolgreich verkauft werden konnte. Die Teeplantagen sind heute über das gesamte Land verstreut. Bei den angebauten Teesorten handelt es sich um qualitativ hervorragende Tees mit einem wunderbaren Duft und Geschmack – Tees, wie man sie zum Beispiel in England sehr liebt.

In Ruanda, Burundi und Äthiopien werden qualitativ hochwertige CTC-Tees hergestellt. In Zaire gibt es unterschiedliche Teequalitäten, die aber nur in den seltensten Fällen in den internationalen Handel gelangen und starke Schwankungen in der Qualität aufweisen. Der in Kamerun hergestellte hochwertige Highland-Tee wird ausschließlich innerhalb des Landes und in den angrenzenden Staaten verkauft. Da der lokale Bedarf kaum gedeckt werden kann, gelangt der Tee unsortiert in den lokalen Handel.

Weitere Anbaustaaten Afrikas sind Mauritius, La Réunion, Madagaskar, Seychellen und die Kanarischen Inseln. Diese Anbaugebiete sind für den europäischen Markt kaum von Interesse und finden ihren Absatz meist lokal oder in der Südafrikanischen Union. Zum Teil sind die hier angebauten Teesorten sehr hochwertig.

Südafrika

Teepflanzen aus Ceylon und Assam wurden um 1850 erstmalig in der Südafrikanischen Union angepflanzt – in Natal, Zululand und der Transkei. Die Assampflanzen bewährten sich in diesem Klima jedoch nicht, die Stecklinge und Saaten aus Ceylon hingegen hervorragend. Zusätzlich konnte man einige Pflanzerfamilien aus Ceylon dafür gewinnen, ihr Know-how gleich an Ort und Stelle einzubringen. Die Qualität der Tees dieser Region steht der ceylonesischen in keiner Weise nach. Sie zeichnen sich durch feines, intensives, zitrusartiges Aroma, Frische und Kraft aus. Der Eigenkonsum ist sehr hoch, weshalb kaum exportiert wird.

In Südafrika ist der Rooibostee beheimatet. Rooibos wird aus einer Pflanze hergestellt, die nicht mit den Teepflanzen verwandt ist, und beinhaltet viele Vitamine, aber kein Koffein. Die Blätter und Zweige dieses strauchartigen Gewächses, welches von Januar bis März völlig heruntergeschnitten wird, werden zerkleinert und häufig auch noch luftgetrocknet. Im Handel sind verschiedene Rooibossorten verfügbar, die allerdings nur auf unterschiedlicher Aromatisierung basieren. Basis ist für alle ein und derselbe Tee.

Tee in weiteren Ländern

Tee in Indonesien

Obwohl Indonesien eigentlich als Land des grünen Tees gilt, wird dieser nicht exportiert, sondern nur für den eigenen Bedarf genutzt. Exportiert werden ausschließlich schwarze Tees.

Auf der Insel Java befindet sich eine vollautomatische Teefabrik. Die Blätter werden zwar noch händisch geerntet, nach dem Eintreffen in der Fabrik jedoch bereits maschinell weitertransportiert und zum Welken gebracht. Beim langsamen Durchlauf auf einem riesigen Fließband werden alle notwendigen Produktionsschritte einzeln durchgeführt: das Rollen der Blätter, deren Grobsiebung und Fermentation, die Trocknung, die Siebung des fertigen Blattes sowie das anschließende Verpacken in exportfähige Säcke. Der Durchlauf des Blattgutes dauert 12 bis 13 Stunden – Handarbeit ist nicht mehr notwendig.

Lange Zeit war Indonesien eine niederländische Kolonie, was auch den Tee-Anbau stark beeinflusste. Auf den Inseln Sumatra und Java stellte man Qualitäten her, die in ihrer Blattbeschaffenheit und im Geschmack als international einmalig galten. Ob in England, in den USA, in Russland oder in Polen – überall wurde indonesischer Tee gekauft und getrunken. Selbst die traditionelle ostfriesische Mischung bestand nur aus indonesischen Tees, vorrangig aus jenen von der Insel Sumatra.

Bis zum Ende der 1950er-Jahre – genauer gesagt bis 1957 / 1958 – waren indonesische Tees weltweit die zuverlässigsten und qualitativ hochwertigsten.

Mit der Revolution durch Präsident Sukarno änderte sich dies jedoch vollkommen. Die Teegärten wurden verstaatlicht und die holländischen Pflanzer aus dem Land getrieben. Innerhalb kürzester Zeit sank die Qualität der Teesorten um ein Vielfaches. Um überhaupt eine Verwendung für die minderwertigen Produkte zu finden, brachte man die wenigen Quantitäten nach Singapur, sortierte dort entsprechend und bot die Teepartien anschließend dem Handel an. Auf Märkten in Singapur war die Wahrscheinlichkeit, einem Schwindel zu unterliegen und minderwertige Produkte zu erhalten, zum damaligen Zeitpunkt sehr hoch.

Erst in den 1970er-Jahren wurden die Tees – vor allem jene aus Sumatra – allmählich wieder zuverlässiger. Zwar blieb ihr Geschmack wenig aufregend und neutral, doch die Tees zeichneten sich durch ihre gleichbleibende Qualität über das gesamte Jahr hindurch aus. Heute trägt Tee aus Indonesien den Ruf eines guten Mischtees, der in vielen preiswerten Supermarktpaketen Verwendung findet.

Tee in Malaysia

Das Hochland Malaysias, die Cameron Highlands, eignet sich hervorragend für den Tee-Anbau. Frisch produzierte Teesorten aus diesem Gebiet besitzen einen leicht würzigen Geschmack. Lagert man diese Tees jedoch länger, verändert sich deren Geschmack hin zum Schlechten. Tees aus Malaysia werden exportiert, das Hauptabnehmerland ist Russland.

Tee in Bangladesch

Ursprünglich ordnete man Tees aus Bangladesch den Assam-Tees zu. Der Tee-Anbau erfolgt in Sylhet sowie in der Umgebung Chittagongs. Aufgrund der Witterungsbedingungen kann in Bangladesch fast nur CTC-Tee produziert werden, da die hohe Luftfeuchtigkeit die Herstellung von qualitativ hochwertigen Tees erschwert. So können die trockenen Teeblätter während des Transports von den Fabriken zum Verladehafen schnell wieder Feuchtigkeit aufnehmen. Aus diesem Grund wird die Mehrzahl der exportierten Teesorten vor der Verladung in Chittagong nochmals in einem Ofen getrocknet, was allerdings zulasten der Qualität und des Geschmacks passiert. Tees aus Bangladesch sind sehr einfache „Bread and Butter"-Tees und werden meist im Rahmen von Auktionen in Chittagong vermarktet.

Tee-Anbau in Vietnam

Tee in Vietnam

Traditionellerweise findet im Süden des Landes der Anbau sehr einfacher Schwarztees statt, die in erster Linie exportiert werden. Die Qualität dieser Tees ist gering, weshalb die Produkte häufig Verwendung in aromatisierten Teesorten finden.

Im Norden, zwischen der Hauptstadt Hanoi und der chinesischen Grenze, wird der Tee-Anbau von den Hmong betrieben, einer Volksgruppe, die über das Himalaja-Gebirge aus Tibet und Nepal nach Vietnam kam. Noch heute sprechen die Hmong eine andere Sprache als die Vietnamesen. Sie stellen den Tee im bäuerlichen Privatanbau her. Die Teebäume wachsen häufig mehrere Meter hoch und werden noch händisch beerntet. Im Gegensatz zum Tee aus dem Süden ist die Qualität des Tees aus dem Norden hervorragend. Für den Konsum werden feine, aromatische und haltbare Grüntees hergestellt, alle überschüssigen Quantitäten werden gegen Lebensmittel auf den nahe gelegenen Märkten getauscht. Der von den Hmong produzierte Tee wird in Hanoi als feinster aller im Lande hergestellten Tees angeboten und verkauft.

Tee in Taiwan

Auf der Insel Taiwan wird Tee vorwiegend im bergigen Norden angebaut. Hier wachsen viele Teebüsche auf Obstplantagen direkt unter den Bäumen. Hergestellt werden grüne, unfermentierte Tees, halb fermentierte Oolong-Tees und aromatisierte grüne Tees wie Jasmintee. Die Mehrzahl der Plantagen wird von japanischen Einwanderern betrieben. Der Teehandel der Insel ist so flexibel, dass stets jene Tees hergestellt werden, nach denen internationale Nachfrage besteht. Es kann vorkommen, dass in einem Jahr fast ausschließlich Sencha-Tees für Japan, im nächsten Jahr fast nur schwarze Tees für Afrika oder Nordamerika produziert werden.

Taiwan ist berühmt für seine halb fermentierten Oolong-Tees. Die einfacheren Qualitäten werden maschinell hergestellt. Man erkennt sie an der fast schwarzen Infusion und an den dunkelbraunen Blättern ohne Blattspitzen. Die feineren Qualitäten werden händisch geerntet, zum Welken unter freiem Himmel auf großen Leinentüchern ausgelegt und nach dem Rollen sehr heiß getrocknet. Wenn Blätter auf einer Orangenplantage geerntet werden und dabei der Blütenstaub der Orangenblüten auf die Blätter fällt, bekommt der Tee zu seinem leichten blumigen Duft noch einen zarten Hauch von Orange – eine Köstlichkeit, für die heimische Aufkäufer bis zu 2000 US-Dollar pro Kilogramm bezahlen.

Gute Oolong-Tees erkennt man an der groben, uneinheitlichen Blattstruktur mit vielen silbernen Tips.

Tee in Papua-Neuguinea

Auf der Insel Neuguinea wurde ab 1950 in den Western Highlands versuchsweise Tee angebaut. Ab 1964 entstanden schließlich Plantagen, die den Anbau von größeren Mengen Tee ermöglichten. In langer Tradition ist Australien das wichtigste Abnehmerland, geringere Mengen werden zudem nach Europa exportiert. Qualitativ ist der Tee dem indonesischen sehr ähnlich.

Tee in Australien

Im Norden von Queensland findet seit 1960 Tee-Anbau statt. Der Tee ist nicht sehr lange haltbar und wird nicht exportiert, sondern vorrangig in Australien selbst in Aufgussbeuteln konsumiert.

Tee in der Türkei, Georgien und Aserbaidschan

Tees dieser Regionen werden innerhalb von sechs Wochen von Mitte Mai bis Ende Juni geerntet. Lange Zeit litten sie unter den Auswirkungen des Reaktorunfalls in Tschernobyl, der die radioaktive Belastung der Teebäume hochschnellen ließ. Qualitativ handelt es sich bei Tees aus der Türkei und aus Georgien um sehr einfache Teesorten, die innerhalb der Länder mit importierten Teesorten aus Sri Lanka oder Afrika vermischt werden, um eine geschmackliche Aufwertung zu erfahren. Für die Zubereitung im Samowar eignen sich diese Sorten sehr gut.

Tee in Süd- und Mittelamerika

In Südamerika wird Tee in Argentinien (Misiones), Brasilien, Peru und Ecuador angebaut. Auch im mittelamerikanischen Guatemala wächst Tee. Diese qualitativ sehr einfachen Teesorten finden vorrangig in der Herstellung von Instant-Tees Verwendung und werden vorwiegend in die USA exportiert.

Lediglich jene Teesorten, die in Brasilien von der japanischen Bevölkerung angebaut werden, werden innerhalb des Landes von ebendieser konsumiert.

Tee aus fairem Handel

Die Regularien für Tee aus fairem Handel sind recht genau. Bereits im Teegarten muss eine Teepartie entsprechend bereitgestellt werden. Der hiesige Importeur meldet diesen Kauf bei der TransFair-Organisation an und entrichtet den fälligen zusätzlichen Betrag sofort. Die Teepartie wird entsprechend gekennzeichnet und auf dem Weg über den ausländischen Verladehafen bis zum Verkauf in den Teegeschäften überwacht und verfolgt.

Der Verkauf dieser Pakete erfolgt vorrangig in der Vorweihnachtszeit, wenn die Spendenbereitschaft hoch ist. Der Tee wird meist im Spätsommer eingekauft, gelangt im Herbst zur Verladung und erreicht unsere Läger kaum vor Oktober oder November, also zu spät für das laufende Weihnachtsgeschäft. Gelangt der Tee dann in den Verkauf, ist er meist schon mindestens ein Jahr alt, also nicht mehr frisch.

Da in Deutschland ohnehin nur knapp 0,6 Prozent der WeltTee-Ernte konsumiert werden, stellt sich die Frage, ob diese Hilfe tatsächlich effizient ist. Erfahrungen haben gezeigt, dass etwa die Auswahl feinerer Teesorten deutlich mehr für die Arbeiter auf den Teeplantagen bringt. Der Erlös ist höher und die Plantagengesellschaften bemühen sich, ihre Fachkräfte besser und fundierter auszubilden, um den guten qualitativen Standard mindestens zu erhalten, wenn nicht sogar zu verbessern.

Teezubereitung und Teegenuss

Einkaufstipps für Tee

Gute und feine Tees sollten entweder unter fachlicher Beratung in einem Geschäft gekauft oder durch einen kompetenten Versand geliefert werden. Wesentlich ist die Frische des Tees, denn je frischer der Tee ist, desto besser ist er im Geschmack.

Das trifft besonders bei grünen Tees zu, aber auch beim First-Flush-Darjeeling, dessen Aroma meist nur 12 bis 18 Monate hält im Gegensatz zum Second-Flush-Darjeeling, der sein Aroma über mehrere Jahre bewahrt. Diese beiden Sorten kann man meist optisch leicht voneinander unterscheiden.

Mit zunehmendem Alter zerbröckeln die Teeblätter und die Broken- und Staubanteile erhöhen sich, woran alte Tees auch leicht zu erkennen sind. Ein weiteres Merkmal älterer Teesorten ist, dass die Blätter beim Aufbrühen sehr lange an der Wasseroberfläche schwimmen und kaum absinken. Dies ist besonders bei grünen Tees sichtbar.

Um immer frischen Tee genießen zu können, empfiehlt es sich, Tees nicht über einen allzu langen Zeitraum zu lagern. Es hat wenig Sinn, sich für die nächsten ein bis zwei Jahre einen Vorrat anzulegen, da Tees nicht über längere Zeit frisch bleiben. Die Aromen verflüchtigen sich und fremde Gerüche, Düfte und Geschmacksstoffe können den Tee stark beeinflussen und beeinträchtigen.

Einen guten Assam-Tee zeichnen leuchtend goldene Tips und dunkelbraune bis fast schwarze Teeblätter aus.

Die Farbe des First-Flush-Darjeeling ist gräulich mit einem Hauch von Grün und grün-weißen Spitzen.

Second-Flush-Darjeeling ist dunkelbraun mit goldenen Tips.

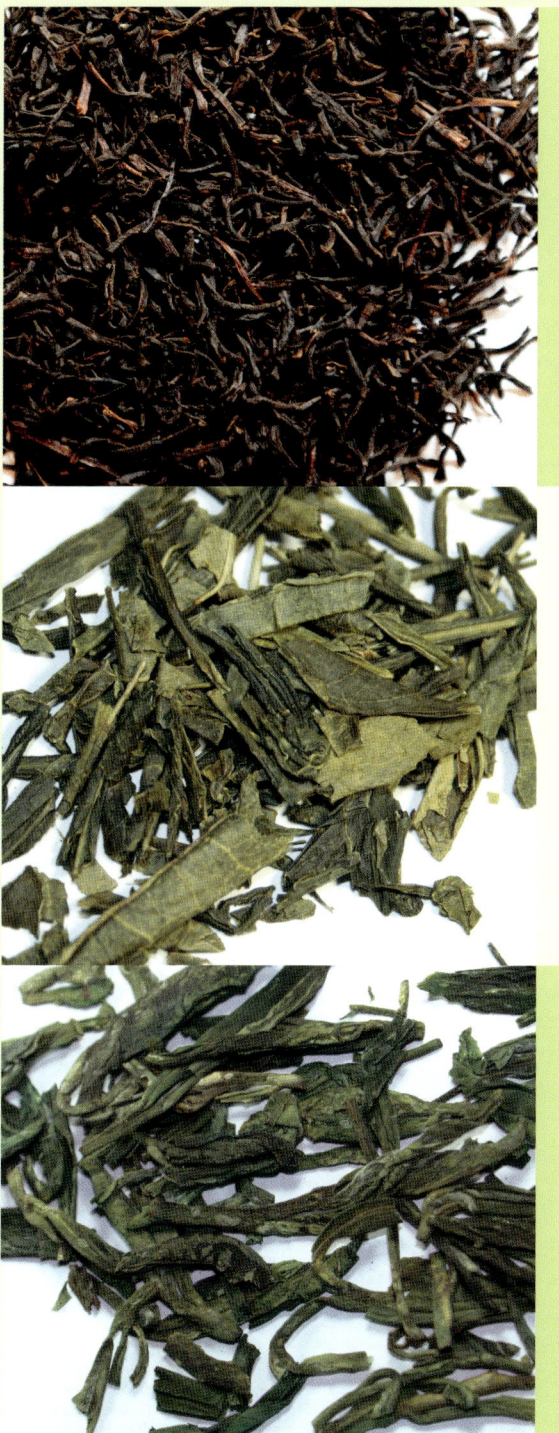

Highgrown Ceylon-Tees (im Bild: Ceylon Highgrown Orange Pekoe) sind hingegen immer braun. Lediglich Tees für den Samowar, also Lowgrown Tees der Insel, weisen ein Blattgut mit verschieden großen, fast schwarzen Blättern auf.

Bei Tees aus Japan gilt: Grobe, fleischige, hellgrüne Blätter signalisieren qualitativ recht einfache Sorten. Je feiner die Qualität, desto zarter ist das fast nadelfeine Blatt. Man erkennt diese Qualitäten gut an ihrer fast neonartig dunkelgrünen Blattfarbe (im Bild: Japan Bancha). Spitzentees werden meist auf der Plantage schon in handelsübliche Größen vakuumverpackt.

Gute grüne, chinesische Tees zeichnet eine frische, fast jadegrüne Farbe aus (im Bild: Lung Ching). Grün-gelbe oder gar grün-braune Blätter können auf ältere Teequalitäten hinweisen.

Lagerung im Haushalt

Die Teeblätter sollten möglichst rasch aus ihren Verpackungen in sehr gut abschließende Behälter umgefüllt werden. Besonders das Papier der Teepakete wirkt sich im Laufe der Zeit, vor allem wenn sich nur mehr wenige Teeblätter darin befinden, geschmacklich negativ auf den Tee aus. Zur Aufbewahrung eignen sich Gläser mit einem festen Verschluss oder kräftige Dosen. Auf die zwar dekorativen, meist aber aus äußerst billigem Blech hergestellten, leichten Dosen sollte man verzichten. Sie werden hauptsächlich in China oder Indien hergestellt und beginnen entweder im Frühling oder Herbst zu rosten. Sollte das nicht passieren, liegt der Verdacht nahe, dass das Blech entsprechend chemisch behandelt wurde.

Plastikgefäße können ebenfalls zur Lagerung von Tee eingesetzt werden. Tupperware eignet sich beispielsweise sehr gut dafür – vorausgesetzt, sie werden ausschließlich für Tee genutzt und schließen gut.

Keramikgefäße sowie feine Gefäße aus nicht rostendem Stahl, Silber oder Porzellan eignen sich hervorragend zur Lagerung. Es sollte bei der Auswahl des Gefäßes unbedingt auf die Größe der Öffnung geachtet werden. So gibt es wunderbar dekorative Teeurnen aus Porzellan, beispielsweise aus China, die zwar optisch ein Traum, praktisch hingegen ein Albtraum sind. So sind die Blätter zum einen nicht sichtbar, zum anderen nur schwer zugänglich, und darüber hinaus gelangen meist zu viele Blätter in die Kanne, wenn sie unmittelbar in das Teesieb geschüttet werden.

Auch der Standort des Aufbewahrungsbehältnisses sollte mit Bedacht gewählt werden. Direkte Sonneneinstrahlung und Halogenlichter sind zu vermeiden. Zudem ist es besser, wenn der Tee nicht mit Kaffee, Gewürzen oder Backmitteln zusammen gelagert wird, da sich fremde Gerüche rasch auf die Teeblätter übertragen können. Ein trockener und geruchsneutraler Platz, etwa im Geschirrschrank, wäre demnach ideal.

Aufgussbeutel

Circa 80 Prozent des Teekonsums weltweit erfolgen per Teebeutel. Der Konsument hat die Wahl zwischen Aufgussbeutel mit Faden und Etikett oder dreieckigen sowie runden Schwimmbeuteln. Dabei gibt es für die verschiedenen Konsumentengruppen unterschiedliche Befüllmengen: Beim grünen Tee reichen häufig 0,5–1 g pro Tasse, beim schwarzen Tee liegen die Mittelmaße bei 1,5–2 g, bei Hotel- und Gastronomiebeutel für Kännchenportionen bei bis zu 5 g.

Die vorrangige Aufforderung an dieses Fast-Food-Getränk ist die schnelle Färbung des Wassers. Durch Hinzugabe von Milch, Zucker oder Zitrone wird der Geschmack oft intensiviert oder deutlich. Die Teequalität ist meist recht einfach, erfüllen viele billige Tees das Kriterium der schnellen Wasserfärbung durch Auslaugen des Blattes relativ rasch. Die Form des Aufgussbeutels spielt für den Geschmack des fertigen Tees keine Rolle! Das Aufgussbeutelpapier hält die Geschmacksstoffe des Tees zurück. Auch bei längerer Ziehzeit treten diese kaum hervor.

Darjeeling-Tee wird für Aufgussbeutel meist mit Ceylon- oder Assam-Tee gemischt, damit sich das Wasser überhaupt färbt und Geschmack in die Tasse gelangt. Kannenportionsbeutel sollten nur für eine Kanne genutzt werden, da der Tee sonst viel zu kräftig und bitter wird.

Einige Tipps für die richtige Auswahl:

1. Reiner Darjeeling-Tee eignet sich kaum für Aufgussbeutel, da er leicht und blumig im Geschmack sein sollte und diese Eigenschaften wenig bis gar nicht durch das Papier hindurchdringen können.
2. Sorten wie zum Beispiel schwarzer Tee, English Breakfast oder kräftige Teemischungen deuten nicht unbedingt auf Spitzenqualitäten hin.
3. Empfehlenswert sind
    - gute Assam-Tees,
    - Highgrown Ceylon-Tees,
    - aromatisierte Tees,
    - Kräuter- und Früchtetees.

Diese Sorten geben ihren Geschmack unabhängig von der Wasserqualität deutlich weiter.

Zubereitung schwarzer Tees

Das Wichtigste bei der Zubereitung von schwarzem Tee ist die richtige Dosierung. Der Tee sollte auf keinen Fall überdosiert werden. Auf den im Handel üblichen Teepackungen ist meist „ein gehäufter Teelöffel Blätter pro Tasse und ein zusätzlicher Löffel für die Kanne" angegeben, was eindeutig zu viel ist, um guten Tee zu erhalten. Denn je größer die Kanne ist, desto verhältnismäßig geringer darf die Menge an Teeblättern sein. Für eine Kanne von 1,5 Litern oder acht Tassen reichen vier bis maximal fünf gehäufte Teelöffel Blätter vollkommen aus! Zur Dosierung eignen sich gewöhnliche Haushaltsteelöffel.

Die Dosierung richtet sich auch nach der Wasserhärte: Je härter das Wasser ist, desto mehr Teeblätter muss man nehmen. Zudem sollte möglichst immer frisches kaltes Wasser aus der Leitung verwendet und altes Wasser aus dem Kocher weggeschüttet werden. Bei schwarzem Tee muss man das Wasser immer frisch aufkochen lassen und es sofort auf die Blätter gießen.

Schwarzer Tee sollte möglichst nicht länger als drei Minuten ziehen. Manche Tees bestimmter Anbaugebiete können eine leicht anregende Wirkung haben, da sich das in den Blättern enthaltene Koffein ebenso wie die Geschmacksstoffe innerhalb der ersten drei Minuten lösen. Danach entfalten sich die beruhigenden Stoffe aus den Teeblättern, die Gerb- und Bitterstoffe, welche die feinen Geschmacksstoffe überdecken. Folglich kann ein länger als drei Minuten gezogener

Schwarzteezubereitung – die wichtigsten Schritte auf einen Blick

1. Dosierung des Tees der Wassermenge anpassen – maximal ein TL pro Tasse
2. Wasser frisch aufkochen und sofort auf die Blätter geben
3. Ziehzeit von drei Minuten möglichst nicht überschreiten
4. Teeblätter und fertig aufgebrühten Tee unbedingt trennen
5. Tee servieren und genießen

Tee bitter sein. Bei Aufgussbeuteln befinden sich sehr kleine Blattteile in den Beuteln, die sehr schnell vom Wasser ausgelaugt werden können, wodurch die Gerbstoffe noch schneller heraustreten können. Ähnlich verhält es sich bei Broken-Tees.

Grundsätzlich ist schwarzer Tee trinkbereit, sobald die Blätter auf den Siebboden gesunken sind und nicht mehr an der Oberfläche schwimmen. Doch es empfiehlt sich, einen Kurzzeitmesser zu benutzen, da sich gefühlte drei Minuten oft als fünf oder acht Minuten erweisen und der Tee dann bitter wird beziehungsweise nicht mehr schmeckt.

Danach sollten die Blätter sofort entfernt werden. Die optimale Zubereitung erreicht man durch den Gebrauch von zwei Kannen, wobei der Tee in der einen Kanne zieht und und nach der Ziehzeit dann durch ein Sieb in die zweite Kanne gefüllt wird. Ideal sind große Glaskannen mit einem Edelstahlsieb, da man einfach das Sieb mit den aufgequollenen Blättern aus der Kanne nehmen und sich die zweite Kanne sparen kann. Wichtig ist, dass die Blätter sich frei bewegen können, denn je größer das Sieb oder die Kanne ist, desto besser erweist sich der Geschmack des Tees!

Gut geeignet sind auch Baumwollnetze, da sich die Teeblätter frei entfalten und ihren Geschmack abgeben können. Bei Genuss von unterschiedlichen Teesorten sollte für die jeweilige Sorte ein eigenes Netz benutzt werden. Außerdem empfiehlt es sich, auch wenn nur eine Tasse Tee zubereitet wird, große Netze zu verwenden, um den Teeblättern genügend Platz zur Entfaltung zu lassen. Steife und unansehnlich gewordene Netze sollten unbedingt ausgewechselt werden.

Die großen Papierbeutel sind zwar praktisch, können jedoch zum einen den Geschmack des Tees zurückhalten und zum anderen eine „Papiernote" an das Getränk abgeben. Daher sollte beim Trinken feiner schwarzer und grüner Tees auf diese verzichtet werden. Nichts dagegen einzuwenden ist bei Früchte-, Rooibos- und Kräutertees sowie aromatisierten Teearten.

Sowohl die Verwendung von Tee-Eiern als auch von Teezangen sollte vermieden werden, da sich die Blätter dadurch nicht gut entfalten können und deutlich weniger Geschmack abgeben.

Zusätze zum schwarzen Tee

Als Zusatz zum schwarzen Tee ist besonders **Zucker** sehr gut geeignet. Weißer Kandiszucker sollte dem braunen allerdings vorgezogen werden, da dieser den Geschmack und die Tassenfarbe feiner Tees beeinträchtigen kann. Auch natürlicher Rohrzucker eignet sich hervorragend zum Süßen, jedoch ist er deutlich süßer als Rübenzucker und sollte daher zurückhaltender dosiert werden.

Milch oder **Sahne** können ebenfalls, je nach Teesorte, hinzugefügt werden. So sollte in einen First-Flush-Darjeeling möglichst keine Milch gegeben werden, wohingegen sie in Assam-Tee oder Second-Flush-Darjeeling geradezu ideal ist.

Zitrone harmoniert nicht mit Assam-Tees, ist aber beispielsweise empfehlenswert für den Early Morning Ceylon-Tee oder einen First-Flush-Darjeeling.

Zudem sollte bei feinen Tees auf **Honig**, so gesund er auch ist, verzichtet werden, da dieser Aroma und Duft des Tees vollkommen überdeckt.

Auch **Rum** kann gut mit Tee kombiniert werden, etwa mit würzigem Assam-Tee, allerdings eignen sich alkoholische Zusätze nicht für zarte, blumige Tees wie etwa den First-Flush-Darjeeling.

Zubereitung grüner und weißer Tees

Grüner Tee

Frisches, kaltes Wasser aufkochen und etwa fünf Minuten offen stehen lassen, damit es auf etwa 80°C abkühlt.

Die Dosierung der grünen Tees kann sehr sparsam durchgeführt werden. Meist reichen zehn bis zwölf Blätter, also die Menge, die man zwischen Daumen und Zeigefinger fassen kann, pro Tasse vollkommen aus.

Trinkbereit ist der grüne Tee nach etwa drei Minuten, sobald die Blätter auf den Sieb- oder Kannenboden hinabgesunken sind. Je feiner, qualitativ hochwertiger der grüne Tee ist, desto kühler darf das Wasser sein. So reichen beim japanischen Toptee Gyokuro 66°C völlig aus. Grüner Tee mit zu heißem Wasser zubereitet, kann herb und bitter schmecken.

Guter grüner Tee hat den Vorteil, dass er auch bei längeren Ziehzeiten so gut wie nie bitter wird. Lediglich Gunpowder, Chun Mee und einfache Sencha- und Bancha-Tees werden leicht bitter. Beim Bancha handelt es sich meist um die Reste der im Herbst zurückgeschnittenen Teebüsche, bei den anderen drei Sorten um Qualitäten, die hauptsächlich für Algerien, Tunesien, Marokko und Libyen hergestellt werden, da dort Tee mit Pfefferminzblättern und sehr viel Zucker getrunken wird und der bittere, herbe Geschmack beliebt ist. Falls ein grüner Tee nach Algen, Fisch oder Spinat schmeckt, ist er entweder zu hoch dosiert worden oder es handelt sich um eine sehr billige Sorte.

Zusätze zum grünen Tee
Für grünen Tee sollten möglichst keine Zusätze verwendet werden. Wenn unbedingt erwünscht, sind etwas Zucker oder ein kleiner Spritzer Zitrone möglich, Milch dagegen eignet sich überhaupt nicht.

Weißer Tee

Für die Zubereitung von weißen Tees empfiehlt es sich, einen gut gehäuften Teelöffel Blätter pro Tasse und auf 80°C abgekühltes, abgekochtes Wasser zu nehmen. Weiße Tees sind nach etwa acht bis zehn Minuten, also sobald die Blätter hinabgesunken sind, trinkbereit. Zusätze sollten weißem Tee möglichst keine beigefügt werden.

Grünteezubereitung – Die wichtigsten Schritte auf einen Blick

1. Wasser aufkochen und Kessel offen etwa fünf Minuten stehen lassen, damit das Wasser auf circa 80°C abkühlt.

2. Äußerst sparsame Dosierung – ein gestrichener TL pro Tasse reicht völlig.

3. Trinkbereit nach circa drei Minuten, sobald die Blätter herabsinken

4. Möglichst keinen zweiten Aufguss der Blätter

5. Niemals aufgebrühte Teeblätter über Nacht stehen lassen und am nächsten Tag wieder verwenden!

Wasserqualität

Da Wasser der Hauptbestandteil eines jeden Tees ist, sollten besser die Teesorten auf das Wasser abgestimmt werden als umgekehrt.

Grundsätzlich gilt: Es gibt für jedes Wasser den richtigen Tee!

Es hat wenig Sinn, während des Urlaubs einen größeren Vorrat an Tee anzulegen, um diesen in die Heimat mitzunehmen, da der Tee dann meist nicht mehr beziehungsweise anders schmeckt. Grund dafür ist die unterschiedliche Qualität des Leitungswassers am jeweiligen Aufenthaltsort, auf die kein Einfluss genommen werden kann, jedoch bieten sich Alternativen in Form von stillem Mineralwasser an.

Die Frage, ob hartes Leitungswasser vorhanden ist, lässt sich durch eine Auskunft beim lokalen Wasserwerk oder durch einen Selbsttest klären. Dazu muss eine Teesorte einmal in stillem Mineralwasser ohne viele Inhaltsstoffe und einmal in Leitungswasser aufgebrüht und miteinander verglichen werden. Sollte der Geschmack stark abweichen, kann davon ausgegangen werden, dass dies am Wasser liegt.

Eine weitere Möglichkeit zur Verbesserung der Qualität wären Wasserfilter, da diese hervorragendes Wasser für den Tee liefern, sofern sie genau nach Vorschrift genutzt werden.

Des Weiteren ist der Einkauf sogenannter Selfdrinker-Tees, die in so gut wie jedem Wasser ihren Charakter zeigen, empfehlenswert. Dazu gehören qualitativ hochwertige Assam-Tees, Top Superior Fancy Formosa Oolong, schwarze Tees aus Yunnan, der aromatisierte Earl Grey Tee oder bei den grünen Tees etwa der Ding Gu Da Fang aus China.

Schlieren in der Teetasse

Für Schlieren in der Tasse kann es verschiedene Gründe geben. Hauptursache ist allerdings zu hartes, kalkhaltiges Wasser, denn je höher der Kalkgehalt des Wassers ist, desto intensiver und schneller bildet sich ein dunkler Rand an der Tasse. In solchen Fällen bietet sich der Einsatz von Wasserenthärtern an.

Falls der dunkle Rand nicht zu intensiv ist, hilft es, ein Stück Marmorbruch in den Wasserkessel zu legen, da dieser den Kalk neutralisiert oder aufsaugt.

Zudem können viele Teesorten aufgrund ihrer ätherischen Öle die Tassenfarbe verändern. Besonders gut zu beobachten ist dies bei qualitativ hochwertigen Assam-Tees, bei feinen Second-Flush-Darjeelings und auch bei UVA-Ceylon-Tees. Da diese Farbveränderung mitunter auch als Qualitätsmerkmal gesehen wird, nach dem sich der Preis des Tees festlegen kann, ist es daher empfehlenswert, diese Sorten öfter und in überschaubaren Mengen aufzubrühen.

Wasserhärten in Deutschland, Österreich und der Schweiz

Unter Wasserhärte versteht man die Konzentration von Calcium- und Magnesium-Ionen im Wasser. Sie wird in „Grad deutscher Härte" (dH) angegeben. Unter 8,4° dH spricht man von weichem Wasser, zwischen 8,4° und 14° dH von mittlerem Härtegrad, über 14° dH gilt das Wasser als hart.

Die Wasserhärte kann auf den Gemeindeämtern oder telefonisch beziehungsweise online auf der Homepage des Wasseranbieters erfragt werden. Hauseigentümer finden den Härtegrad auf der Wasserjahresabrechnung verzeichnet. Alternativ sind auch Teststreifen in der Apotheke erhältlich.

*In Deutschland liegen die Tiefst- und Höchstwerte zwischen 0° und 51° dH, in Österreich zwischen 2° und 25° dH und in der Schweiz zwischen 12° und 47° dH. In Deutschland steht **Hamburg** mit 51° dH an der Spitze der Städte mit der höchsten Wasserhärte. Braunschweig-Völkenrode weist hingegen überhaupt keinen Härtegrad auf. In **Berlin** wurden 17,50° dH gemessen. In **Wien** weist das Wasser einen Härtegrad zwischen 6° und 14° dH auf. Besonders weiches Wasser findet man in Mürzzuschlag und das härteste Wasser in Wiener Neustadt. In **Bern** liegt die durchschnittliche Wasserhärte bei 14,56° dH, in **Zürich** bei 10,64° dH.*

Teekannen und -geschirr

Teekannen sollten vor jedem Gebrauch mit heißem Wasser ausgespült werden, um eventuell vorhandene Reste des vorherigen Tees zu entfernen und eine Beeinträchtigung des Geschmacks des neu zubereiteten Tees zu vermeiden. Teekannen dürfen und sollen auch von innen gesäubert werden. Nur bei Ton- und Eisenkannen ist auf das Säubern der Innenwände zu verzichten, da sich in den Poren Spülmittel festsetzen kann. Eine Tonteekanne sollte von innen ohne Verwendung von Spülmittel und nur mit heißem Wasser ausgespült werden. Besonders beim Wechsel der Teesorten sollte man die Kanne gründlich ausspülen, da sich der Geschmack des vorherigen Tees in der Patina hält und störend sein kann.

Teekannen mit einem Plastiksieb oder Netz sollten möglichst nur bei Zubereitung von aromatisierten Tees, Früchte-, Kräuter oder Rooibostees eingesetzt werden. Die Siebe können nämlich auch bei längerem Gebrauch Geschmack abgeben. Sehr gut sind Kannen mit einer großen Einfüllöffnung und einem großem Sieb, in dem die Teeblätter sich gut entfalten können. Da diese Kannen zu unterschiedlichsten Preisen erhältlich sind, sind Preisvergleiche angebracht.

Für welche Kanne Sie sich letztlich entscheiden, bleibt Ihrem persönlichen Geschmack überlassen.

Tee in der Thermoskanne

Kräuter-, Früchte und Rooibostees können in Thermoskannen gut warm gehalten werden, schwarze und grüne Tees eignen sich hingegen weniger dafür. Sie beginnen schnell zu oxidieren, ihre Farbe verändert sich und auch der Geschmack kann beeinträchtigt werden. Bei schwarzen Tees lassen sich am ehesten noch leichte Ceylon-Dimbula oder gute First-Flush-Darjeelings in Thermoskannen aufbewahren. Zwar ist auch das nicht ideal, aber diese Sorten halten ihre Farbe und den Geschmack zumindest deutlich länger als andere Teesorten.

Für grüne oder weiße Tees gibt es eine hervorragende Alternative: Lediglich das am Morgen gekochte Wasser in die Thermoskanne füllen und gemeinsam mit einer Tasse und Teeblättern mitnehmen. So können im Laufe des Tages die Blätter in die Tasse gelegt und mit heißem Wasser aus der Thermoskanne übergossen werden. Auch hier gilt: Der Tee ist trinkbereit, sobald die Blätter auf den Boden des Trinkgefäßes gesunken sind. Auf diese Weise kann den gesamten Tag über eine frische Tasse grünen oder weißen Tees zubereitet und konsumiert werden.

Kleine Kannenkunde

*Ein **Stövchen** zu verwenden, gibt zwar eine wunderbare Atmosphäre und ist stilvoll und schön anzusehen, ist nur leider meist nicht empfehlenswert. Bei Tees mit starkem Eigengeschmack wie Earl Grey, Assam-Tee oder aromatisierten Tees ist gegen ein Stövchen zum Warmhalten nichts einzuwenden. Bei Tees mit zartem, aromatischem Duft hingegen, wie beispielsweise First- oder Second-Flush-Darjeelings, feinsten Keemun-Tees, Top Superior Fancy Finest Formosa Oolong, bei fast allen grünen Tees oder aromatischen, hell abgießenden Ceylon-Tees, sollte besser darauf verzichtet werden. Die Kerze im Stövchen erhitzt den Tee wieder, wodurch dieser sein Aroma verliert. Häufig flockt der Tee sogar aus und wird dann unansehnlich.*

*Für Anfänger reicht ohne Weiteres eine kleine, preiswerte **Tonkanne** aus. Diese gibt es, meist als Set zusammen mit Stövchen und kleinen Tonschälchen zum Trinken, in unterschiedlichen Preisgruppen. Es ist aber von Vorteil, wenn die Schalen – möglich hell – lasiert sind.*

Hervorragend ist ein Teeservice aus Porzellan, da man **Teekannen aus Porzellan** von innen reinigen kann. Dies ist empfehlenswert, wenn man zum Beispiel die Teesorte wechseln will. Das Porzellan sollte weder zu dick noch zu dünn ausfallen. Die Teetassen sollten möglichst flach und weit geöffnet sein, damit der Tee schneller erkalten kann. Zu enge Tassen lassen den eingeschenkten Tee immer dunkel erscheinen und täuschen so ein viel zu kräftiges Getränk vor.

Teekannen aus Steingut finden weniger Verwendung, da sie sehr schwer und die dazugehörigen Tassen meist dickwandig sind.

Teekannen aus Silber sind zwar eine Augenweide, werden aber kaum noch eingesetzt, da sie mit Putzmitteln gesäubert werden müssen und falls Rückstände überbleiben, der Tee fürchterlich schmecken kann. Edelstahlkannen sind in England oder Indien beliebt, werden aber auch hierzulande noch gelegentlich genutzt.

Für schwere **Gusseisenkannen** aus Japan werden oft sehr hohe Preise bezahlt, da sie den großen Vorteil besitzen, dass der Tee lange warm bleibt. Die Innenwände dieser Kannen sollten jedoch nicht gesäubert werden.

Optisch sehr elegant sind **Ton- und Porzellankännchen aus China oder Japan**, auch wenn sie nicht unbedingt für den täglichen Gebrauch bestimmt sind. Die fernöstlichen Zubereitungsmethoden unterscheiden sich von unseren doch allzu sehr. Daher ist im Allgemeinen von einer solchen Anschaffung abzuraten.

Besonders empfehlenswert ist die Verwendung von **Glasteekannen**, die über ein großes Edelstahlsieb und eine klare Optik verfügen. So ist sofort erkennbar, wie viel Tee noch vorrätig ist, und auch die Farbe des Tees kann betrachtet werden. Darüber hinaus lassen sich Glasteekannen ganz einfach in der Spülmaschine säubern und halten den Tee zudem sehr lange warm.

Tee im Samowar

Der traditionelle Samowar besteht aus einem Hauptgefäß, in dem das heiße oder kochende Wasser zubereitet und vorrätig gehalten wird, sowie aus einem kleinen Kännchen mit dem Teesud. Dieses Kännchen steht auf dem Samowar und wird durch die Hitze des Wasserspeichers warm gehalten.

Für die Zubereitung im Samowar sind folgende Details wichtig:

1. Möglichst nur Assam- oder Lowgrown Ceylon-Tees verwenden, welche mit dem Kürzel OPA (= Orange Pekoe A) ausgewiesen sind. Assam-Tees gibt es in jedem guten Teegeschäft, während Lowgrown Ceylon-Tees auch bei Lebensmittelgeschäften mit regionaler Spezialisierung, zum Beispiel im türkischen Einzelhandel, zu finden sind. Leichte, blumige Tees wie Darjeeling oder gar grüne Tees eignen sich für den Samowar kaum.

2. Ausreichend Teeblätter in das kleine Kännchen füllen und mit gerade aufgekochtem Wasser bedecken. Danach sofort das rötlich braun gefärbte Teewasser wegschütten. Die Teeblätter sind bereits leicht aufgequollen.

3. Sobald das Teewasser aus dem Kännchen vollständig entfernt wurde, muss es wieder mit frisch aufgekochtem Wasser aufgefüllt werden.

4. Die Teeblätter bleiben im Kännchen. Da durch das erste Abgießen die Bitterstoffe im Tee entfernt wurden, werden die Teeblätter jetzt nicht mehr bitter und können problemlos im Teesud verbleiben.

5. Aus dem kleinen Kännchen zu circa einem Viertel bis zu einem Drittel Teesud in ein Glas füllen und mit dem heißen Wasser aus dem Behälter auffüllen.

6. Zusätze können Würfelzucker, einige Tropfen Milch oder Sahne oder als Besonderheit auch einmal ein frisches Pfefferminzblatt sein.

Tee und Gesundheit

Erst im Laufe der Zeit hat sich Tee zu einem Genussmittel entwickelt, ursprünglich war er in China nur als Heilmittel gebräuchlich. So wundert es nicht, dass Tee diverse heilende Wirkungen nachgesagt werden. Diese Wirkungen müssen jedoch nicht eintreten, sie sind von der Konstitution des Teetrinkers abhängig.

Antikarzinogene Wirkungen
Grüner Tee verringert das Krebsrisiko. Wissenschaftliche Studien aus Japan beweisen, dass in Regionen, wo hauptsächlich Tee angebaut wird, generell weniger Krebstodesfälle auftreten als in vergleichbaren anderen Gebieten. Man stellte dieses Phänomen besonders bei den Bewohnern fest, die regelmäßig viel und konzentrierten Tee trinken und auch immer wieder frische, neue Teeblätter verwenden. Bei Untersuchungen mit Mäusen und Ratten am Krebsinstitut der Chinesischen Akademie der Wissenschaften wurden bei der Verabreichung von Tee-Extrakten ein bis zu 50 Prozent verringertes Aufkommen von Krebs diagnostiziert. Schwarzer und grüner Tee hemmen karzinogenaktive Enzyme und damit die Entstehung von Tumoren.

Grüner Tee senkt den Cholesterinspiegel
In China und Japan haben wissenschaftliche Studien an Tieren und Menschen eindeutig bestätigt, dass regelmäßiger Konsum von grünem Tee den Anstieg des Cholesterinspiegels deutlich einschränkt, den Anteil von LDL- und VLDL-Cholesterin im Blut senkt und gleichermaßen die HDL-Fraktion erhöht.

Grüner Tee regelt hohen Blutdruck
Untersuchungen haben ergeben, dass die Catechine im grünen Tee die gefäßverengende Wirkung des Angiotensin-konvertierenden Enzyms hemmen.

Grüner Tee senkt den Blutzuckerspiegel
In japanischen Studien an Tieren wurde festgestellt, dass Catechine und Polysaccharide eine blutzuckersenkende Wirkung im Körper erzeugen können.

Grüner Tee verlangsamt das Altern des Menschen
Im grünen Tee sind Vitamine E und C reichlich enthalten, die zusammen mit den Catechinen das Oxidieren der Lipide (= Fette) verringern. Darauf verweisen die bisherigen Laborversuche. Es darf aber davon ausgegangen werden, dass der verhältnismäßig hohe Gehalt an Antioxidantien beim regelmäßigen Genuss guter grüner Tees dabei behilflich ist, den Alterungsprozess positiv zu beeinflussen.

Grüner Tee macht munter
Da sich das Koffein des grünen Tees erst im Darm löst, geht die Wirkung daher zunächst in das Gehirn und erst danach in den Kreislauf, weshalb grüner Tee tatsächlich munter macht.

Grüner und schwarzer Tee helfen der Verdauung
Es ist wissenschaftlich bewiesen, dass der grüne Tee eine bakterientötende Wirkung besitzt und häufig auch in konzentrierterer Form als Mittel gegen Durchfall verwendet wird. Länger gezogener schwarzer Tee, vorrangig aus China, wirkt sich besonders bei Durchfall und dünnem Stuhl beruhigend auf die Darmflora aus.

Grüner Tee hilft bei Karies
Grüner Tee verfügt über eine Vielzahl von mundhygienischen Eigenschaften. So stärkt er den Zahnschmelz, besitzt eine abtötende Wirkung auf die Kariesbakterien und bekämpft erfolgreich den Mundgeruch.

Grüner und schwarzer Tee wehren Grippeviren ab
In japanischen Studien konnte nachgewiesen werden, dass die Catechine des grünen Tees und die bereits oxidierten Catechine im schwarzen Tee, die Theaflavine, zur Stärkung des Immunsystems beitragen und Grippeviren erfolgreich bekämpfen können.

Grüne, schwarze und weiße Tees sorgen für Entspannung
Schwarze, grüne und weiße Tees wirken entspannend auf das mentale Wohlbefinden und haben positive Auswirkungen auf den Hautalterungsprozess.

Grüner Tee hilft bei Depressionen und fördert die geistige Leistungsfähigkeit
Dem Theogallin wird eine antidepressive Wirkung sowie eine Verbesserung der geistigen Leistungsfähigkeit zugeschrieben.

Grüne, weiße und schwarze Tees regen die Blasenfunktionen an
Regelmäßiger Teekonsum aktiviert die Nieren- und Blasenfunktionen des Körpers.

Grüner und schwarzer Tee sind hervorragende Durstlöscher
Polyphenole, Vitamine und viele andere Inhaltsstoffe erfrischen den Körper, geben dem Blut notwendige und wichtige Inhaltsstoffe und machen grüne und schwarze Tees zu einem erstklassigen Durstlöscher – besonders im Sommer.

Genusstipp

Für die Gesundheit nützt es wenig, 100g Tee im Küchenschrank gut aufzubewahren. Tee sollte man trinken, regelmäßig, am besten täglich, im Sommer und im Winter.

Tees unterstützen ideal eine Diät
Der Oolong-Tee hilft dem Körper einerseits, Fette besser abzubauen, und regt andererseits die Verdauung an. Auch der Pu-Erh- und der Tuo-Cha-Tee aus China unterstützen aktiv beim Abnehmen.

Grüner Tee – Komponenten und gesundheitsfördernde Eigenschaften

Inhaltsstoffe	Gesundheitsfördernde Effekte
Catechine	• verringern das Auftreten von Krebs • verkleinern Tumore • verringern Mutationen • verringern Oxidation • töten Bakterien • eliminieren Grippeviren • bekämpfen Kariesbakterien • beugen Mundgeruch vor
Koffein / Tein	• stimuliert den Körper • beseitigt Ermüdung • beseitigt Schläfrigkeit • wirkt entwässernd
Vitamin C	• reduziert Stress • schützt vor Erkältungen
Vitamin-B-Komplex	• unterstützt den Kohlenhydratstoffwechsel
Gamma-Aminobuttersäure	• stabilisiert den Blutdruck
Flavonoide	• stärken die Blutgefäße • beugen Mundgeruch vor
Polysaccharide	• senken den Blutzuckerspiegel
Fluoride	• schützen vor Karies

Glossar

Aromatisierter Tee
Basistee, dem später ein zusätzliches, teefremdes Aroma zugegeben wird. Beispiele: Vanilletee, Earl Grey Tee, Orangentee

Assam
indischer Bundesstaat im Nordosten, der an Bangladesch und Bhutan angrenzt; größtes zusammenhängendes Tee-Anbaugebiet der Welt

Assamhybriden
dem Anbaugebiet und dem Klima angepasste Kreuzung aus China- und Assamsaatpflanzen

Ätherische Öle
Duft- und Geschmacksstoffe im geernteten Teeblatt. Sie finden auch zum Aromatisieren der Tees Verwendung (zum Beispiel Bergamottöl).

Aufgussbeutel
In Spezialpapier portionierte Menge kleiner Teeblätter, die schnell und problemlos eine Tasse Tee möglich machen. Etwa 75 Prozent des weltweiten Teekonsums erfolgt in Aufgussbeuteln.

Aussiebung
Sortierung der einzelnen Blattgrade nach der Trocknung des Tees

Autumnal Tea
Herbsttee, hauptsächlich aus Darjeeling und Nepal; leicht, blumig, würzig, nicht lange haltbar

Bakey
geschmacklich an Backwaren erinnernder, falsch hergestellter (meist zu lange oder zu heiß getrockneter) Tee

Ballbreaker
Maschine zum Zerkleinern eventuell auftretender Klumpen nach dem Rollen der Blätter

Bergamottöl
Aroma zur Herstellung von Earl Grey Tee. Wird von der Bergamotte gewonnen. Diese sizilianische Zitrusfrucht ist nicht essbar, beinhaltet aber einen frischen Duft.

Blattgrade
Sortierungsgrößen d. Teeherstellung

Blattig
grober, langblättriger Tee mit viel kleinem Unterblatt

Blend
Mischung verschiedener Teekomponenten

Blüte
weiße Blütenblätter mit gelben Staubgefäßen und gelbem Stempel, eher klein und unscheinbar.

Breaks
internationale Bezeichnung für einzelne Teepartien

Bright
helle, kupferfarbene Infusion und hellgelb bis rötliche Tassenfarbe, Qualitätstee

Brownish
bräunlich gefärbtes Teeblatt, jahreszeitlich bedingt oder aufgrund einer zu hohen Temperatur oder der Verwendung nicht genügend gewelkter Tees bei der Trocknung

Burnt
zu heiß getrockneter Tee mit leicht verbranntem Geschmack, allerdings sehr lange haltbar

Camellia assamica, Assamsaatpflanze
Ursprung: Indien / Bangladesch / Myanmar. Wächst nur im flachen Land bei subtropischen Temperaturen und hoher Luftfeuchtigkeit. Baumartig 12 bis 15 Meter hoch wachsend, zum Teil handtellergroße Blätter, kräftige, dunkelrote Tassenfarbe. Wird vorrangig zur Herstellung von schwarzen Tees angepflanzt.

Camellia sinensis, Chinasaatpflanze
Ursprung China. Buschartiger, drei bis vier Meter hoher Strauch mit schmalen, ovalen, spitz zulaufenden, gezackten Blättern. Wächst in Höhen bis zu 3300 Meter; zarter, heller Aufguss, feines Aroma; Basispflanze der meisten grünen und weißen Tees

Charakter
besondere Eigenschaft eines Tees – zum Beispiel: blumig oder würzig, herb oder mild

Clean
sauberer Tee ohne Holz- oder Blattrippen, klare Tassenfarbe und sortentypischer Geschmack

Coarse
unregelmäßig großes sowie gekräuseltes Blattgut

Common Tea
einfacher Tee ohne besonderen Geschmack

Congou
Blattgrade schwarzer chinesischer Tees

Creaming
milchartiges Cremen des aufgebrühten Tees; Eigenschaft qualitativ hochwertiger Assam-Tees

CTC-Methode
rein maschinelle Herstellungsmethode; 95 Prozent sind ausschließlich Aufgussbeutel- und Dust-Tees, nur etwa 5 Prozent Broken-Grade, keine Blatt-Tees

Curly
kugelig gedrehtes Blatt, besonders bei Ceylon Pekoe

Darjeeling
Stadt und Provinz im Himalaja-Gebirge in Nordindien. Angrenzend an Nepal und Bhutan; Tee-Anbau seit 1830 auf etwa 94 unterschiedlichen Teeplantagen

Dhool
Bezeichnung der einzelnen bereiten Chargen der Teefermentation

Dick
kräftige, dunkelrote bis braune Tassenfarbe, intensiver, kräftiger Geschmack

Dimbula
lang gestrecktes Tal im Westen Sri Lankas. Tee-Anbau seit circa 1900 in Höhen bis zu 2000 Meter. Feine Highgrown Tees, Top-Qualitäten von Januar bis März

Drahtig
langes, zartes schwarzes Blatt ohne Holzstängel und ohne Brokenunterblatt

Dünn
hellabgießender, nichtssagender Tee

Dust
Staubtee, feinste Absiebung der Teeproduktion

English Breakfast
ursprünglich eine Mischung aus $2/3$ frischem und zitrusfruchtigem Ceylon-Hochlandtee und $1/3$ kräftig würzigem Assam-Tee. Da es für die Zusammensetzung keine Vorschrift gibt, kann heute jede Mischung so bezeichnet werden.

Erdig
wenig wünschenswerter Geschmack eines meist fehlerhaft hergestellten feuchten Tees, aber besonderer Charakter der Pu-Erh-Tees

Estate
Teeplantage

Fannings
feine Absiebung der Teeherstellung, besonders geeignet für Aufgussbeutel

Fermentation
ist eine Gärung der Zellsäfte und sollte nach 120 bis 150 Minuten beendet werden. Durch das Walken und Rollen des Blattgutes werden die Zellen aufgebrochen, wodurch sich Sauerstoff mit den Zellsäften verbinden kann. Die Zellsäfte oxidieren und verwandeln ihre grüne in eine kupferbraune Farbe. Dabei werden die in den Zellsäften befindlichen Aroma- und Duftstoffe aktiviert, das Koffein jedoch abgebaut. Ebenso zerstören sich dabei im Blattgut befindliche Vitamine.

Kurze Fermentation: helle Tassenfarbe, adstringierender Geschmack
Lange Fermentation: dunkle Tassenfarbe, milderer Geschmack

Fibrous
mit braunen Blattrippen durchsetztes schwarzes Blatt, vorrangig bei Aufgussbeuteltees

First Flush
erste Pflückung nach der winterlichen Vegetationsperiode, sollte möglichst nicht vor dem 15. März eines Jahres beginnen. Diese Bezeichnung wird vorrangig bei Darjeeling-Tees verwendet.

Flaky
flaches, leicht zerbröckelndes Blatt

Flat
flacher, nichtssagender und wenig schmeckender Tee

Flavour
Aroma und Duft des trockenen und aufgebrühten Tees

Fluff
hellbrauner Teestaub, der etwa beim Brechen der Teeblätter entstehen kann

Garten
Teeplantage

Gartentees
Lagentees ausgesuchter Teegärten

Gerbstoffe
Bitterstoffe wie Polyphenole, Flavonoide, Catechine; im schwarzen Tee besonders Theaflavine und Thearubigine

Grade
Blattgrade, Blattgrößen, die durch unterschiedliche Siebungen gewonnen werden

Grüner Tee
unfermentierter Tee. Beinhaltet viele gesundheitsfördernde Inhaltsstoffe wie Mineralstoffe und Vitamine: Vitamin A, B, B2, B12, C, Calcium, Kalium, Phosphorsäure, Magnesium, Kupfer, Zink, Nickel, Karotin sowie Spuren von Molybdänsäure, Fluor, Saponinen, Tanninen und Koffein.

Gunpowder
kleinkugeliger grüner Tee der Sommerernte

Halb fermentierter Tee
Oolong-Tee aus Taiwan. Besondere Köstlichkeit, als Selfdrinker für jedes Wasser geeignet

Herb
zitrusartig, adstringierender Geschmack, besonders bei kleinblättrigen Tees wie Broken und Fannings

Herbsttee siehe Autumnal Tea

High Fired siehe Burnt

Highgrown
qualitativ hochwertiger Tee aus den Anbauregionen oberhalb von 1000 Metern; meist hell abgießend, aber sehr aromatisch

Hyson
besondere Sortierung eines grünen Gunpowder-Tees

Infusion
aufgebrühte, vom Wasser ausgelaugte Blattrückstände. Die Infusion gibt fachlichen Rückschluss auf die Haltbarkeit, den Geschmack und den Duft des Tees. An der Zusammensetzung und Farbe der Infusion kann man auch erkennen, ob der Tee gemischt wurde.

Instant Tea
löslicher Tee, wird häufig bei Zitronen-Eisteegetränken eingesetzt

Invoice
andere Bezeichnung für Teepartie

Jasmin
Bestandteil vieler chinesischer Tees. Die Jasminblüte öffnet sich nur nachts und lässt dann ihren Duft ausströmen. Den Duft besitzt die Blüte nur einen bis zwei Tage, weshalb aus guten Jasmintees die Blüten nach erfolgter Aromaübertragung wieder herausgesucht werden.

Karawanentee
traditionell ein zarter Darjeeling oder Tee aus China mit rauchigem Geschmack. Die Karawanen brachten den Tee auf Pferden oder Kamelen zurück in die Heimat. Da sich auch die Tiere um das abendliche Lagerfeuer scharten und die Teekisten auf deren Rücken festgezurrt waren, war der Tee somit immer wieder dem Rauch des Feuers ausgesetzt.

Keemun
Anbaugebiet im westlichen Anhui/China. Bekannt als magenfreundlicher schwarzer Tee mit geringem Koffeinanteil, daher auch für den Abend geeignet.

Kericho
Tee-Anbaugebiet in Kenia, geografisch zwischen Nairobi und dem Victoriasee gelegenes Hochland. Tee-Anbau seit etwa 1910, feinste Qualitäten von Januar bis März.

Kiste
   beste Verpackungsmöglichkeit für Tees. Außen dünnes, stabiles Sperrholz, innen Alufolie und Seidenpapier: ideale Klimakiste, in der der Tee bestens transportiert wurde. Da die Kisten aber nur ein Mal eingesetzt werden konnten, ist man aus umwelttechnischen Gründen in den vergangenen Jahren auf andere Transportverpackungen wie Papiersäcke oder Kartons umgestiegen.

Koffein
   identisch mit Tein: gleiche, wenn auch verzögerte Wirkung wie Koffein im Kaffee

Lapsang Souchong
   schwarzer, chinesischer Tee; mehrere Tage durch Holzkohle aus Zedernholzwurzeln geräuchert

Leafy
   einheitlicher, grober Broken-Tee mit langen Blattanteilen

Legg-cut
   Herstellungsverfahren mit Tabakmaschinen

Light
   hell abgießender, leichter Tee

Lowgrown
   in Regionen bis maximal 400 Meter Höhe gewachsener Tee, besonders aus Sri Lanka und Südindien

Malzig
   typisches Geschmacksmerkmal für hervorragende Assam-Tees, gelegentlich aber auch für Lowgrown-Ceylon-OPA-Qualitäten

Metallisch
   häufig geschmackliche Beschreibung afrikanischer Tees

Mischung
   siehe Blend – Zusammensetzung verschiedener Teekomponenten zu einer einheitlichen geschmacklichen Sorte, auch zur Erreichung eines einheitlichen Volumens

Musty
   geschmacklich aufgrund von Feuchtigkeit negativ beeinträchtigter Tee

Nuwara Eliya (Nurelia)
   Hochplateau im Zentrum Sri Lankas (Höhe etwa 2200 Meter), feinste Teequalitäten im Jänner bis März und im Juli / August

Oolong
   Selfdrinker-Tee, der in jedem Wasser gelingt – als halb fermentierter Tee aus Taiwan oder als grüner Tee vom chinesischen Festland

Orange Pekoe
Blattbezeichnung, häufig für Ceylon-Blatt-Tees

Oxidation
Teil der Fermentation: die braune Verfärbung der Blattsäfte durch Einfluss des Sauerstoffs und die Entwicklung der Geschmacks- und Inhaltsstoffe

Panfired
in Pfannen gerösteter grüner Tee aus China

Parfümierter Tee
nachträglich und künstlich aromatisierter Tee

Plain
sehr einfacher, nichtssagender, preiswerter Tee

Pungent
durchdringender, herber Teegeschmack, der die Mundschleimhäute zusammenzieht

Regentee
Während der Monsunregenzeit hergestellter Tee, besonders aus Nordindien (Darjeeling und Assam) sowie Sri Lanka; einfache Qualität, wässriger Geschmack

Rollen
wichtiger Teil der Teeherstellung. Unter schweren Pressen werden die dickfleischigen Teeblätter gewalkt und gerollt, damit die Blattsäfte austreten und in Verbindung mit dem Sauerstoff oxidieren können.

Rollmaschine
großer runder Tisch mit metallischen Unebenheiten, auf dem ein schwerer Zylinder kreist. Die auf dem Tisch liegenden Blätter werden dabei gewalkt und gerollt.

Rotorvane
Herstellungsmaschine, die das Rollen vereinfacht und verkürzt, bei deren Einsatz aber keine Blatt-Tees hergestellt werden können

Scented Tea
zusätzlich aromatisierte Tees. Häufig werden Jasmintees als Scented Teas gehandelt.

Schattenbäume
wurden in vielen Gebieten für die Teebüsche gepflanzt, um sie nicht der prallen Sonne auszusetzen, verlieren aber in der industriellen Teeproduktion immer mehr an Bedeutung.

Schwarzer Tee
durchfermentierter Tee. Eigentlich eine falsche Bezeichnung, denn die Farbe der trockenen Blätter ist bestenfalls dunkelbraun. In China bezeichnet man daher schwarzen Tee auch als roten Tee – nach der Farbe des aufgebrühten Tees.

Second Flush
Sommerernte, zweite wichtige Ernteperiode, besonders in Darjeeling. Offiziell beginnt die Second-Flush-Saison am 20. Mai. Qualitätstees werden abhängig von den Witterungsbedingungen ab Mitte/Ende Mai bis zum Beginn der Monsun-

regenfälle Ende Juni / Anfang Juli geerntet. Second-Flush-Darjeelings zeichnen sich durch ein dunkelbraunes Blatt mit goldenen Spitzen aus. Die Tassenfarbe ist rotbraun mit intensivem feinblumigem Duft und Geschmack.

Selfdrinker
ein Tee, der unabhängig von der Wasserqualität und Zubereitung immer seinen natürlichen Charakter und Geschmack entwickelt

Smoky
leichter Rauchcharakter, verursacht zum Beispiel durch einen undichten Trocknungsofen oder bei Haustrocknungen in bäuerlichen Betrieben in China

Sommertee
quantitative Tee-Ernte während der Sommermonate; im Vergleich zur Frühlingsernte kräftigere Tassenfarbe und intensiverer Geschmack, dafür aber meist sehr viel länger haltbar

Sortierung
Aufteilung des hergestellten Tees nach Blattgraden

Souchong
sehr großes, grobes, unregelmäßiges Blatt, welches gelegentlich zum Ende der Teesaison mitgeerntet wird

Stalky
mit vielen dicken Holzstängeln durchsetzt

Staub
　letzte und feinste Absiebung des Tees

Steckling
　junger Zweig eines Teebusches mit einem Blatt, kurz unter dem Blattansatz abgeschnitten und in Pflanzerde zum Wurzeln eingesetzt

Tarry Lapsang Souchong
　Rauchtee

Tasse
　Fachleute beschreiben mit „Tasse" Duft und Geschmack des Tees.

Tein
　siehe Koffein – chemisch identisch

Teesaat
　runde, ockerfarbene, ein bis zwei Zentimeter im Durchmesser große Saaten des Teestrauches, die allerdings heute kaum noch Verwendung finden

Tea-Taster
　Experte mit einem ausgeprägten Riech- und Geschmackssinn. Teeverkoster probieren am Tag bis zu 300 Tassen Tee. Dabei wird festgestellt, ob und wofür der Tee brauchbar ist, wie der Tee valuiert werden kann und ob Bedarf dafür vorhanden ist. Weiterhin stellen Teeverkoster Blends zusammen.

Thea assamica
　siehe Camellia assamica – Assamsaatpflanze

Thea sinensis
　siehe Camellia sinensis – Chinasaatpflanze

Tips
im grünen Tee silbrige oder weiße, im schwarzen Tee goldene Blattspitzen, umhüllt von sehr viel Flaum. Es werden „two leaves and a bud" geerntet – die Buds, sofern sorgsam zubereitet, erscheinen im Tee dann silbrig oder golden. Geschmacklich wenig beeindruckend, sie weisen aber auf eine fachlich sehr gute Teeproduktion hin.

Traditionelle Zubereitung
orthodoxe Teeherstellung – welken, rollen, fermentieren, trocknen, sieben

Trocknen
wird in Öfen durchgeführt. Öl, Kohle und bevorzugt lokales Holz werden zum Heizen verwendet. Die fermentierten Teeblätter durchlaufen den Ofen in kleinen Schüben innerhalb von 18 Minuten. Eintrittstemperatur circa 80°C, Austrittstemperatur circa 110°C, abhängig von der Luftfeuchtigkeit.

Überfeuerung
die zu heiße Trocknung eines Tees

Uda Pussellawa
Tee-Anbaugebiet im östlichen Sri Lanka; Tee-Anbau in Höhen bis zu 1200 Meter, beste Highgrown-Qualitäten im Juli, August und September

Unregelmäßig
kleines und großes Blatt zusammengemischt

Uva
bergiges Tee-Anbaugebiet im östlichen Sri Lanka, bis zu 1100 Meter Höhe; beste Highgrown-Qualitäten im Juli, August und September

Volumen
Ein Volumen des Tees wird ermittelt, indem man beispielsweise 100 g abwiegt und in einen Volumenmesser gibt. Ein Volumenmesser ist ein großes Reagenzglas mit einer außen angebrachten Skaleneinteilung nach ccm.

Weißer Tee
nach der Tassenfarbe benannter Tee, dem in China große homöopathische Wirkungen nachgesagt werden. Als weißen Tee bezeichnet man auch den Pai Mu Tan. Feiner weißer Tee wird aus den Blattspitzen, den Buds, hergestellt. Man benötigt 20.000 bis 22.000 Buds für ein Kilogramm weißen Tee. Ein zarter, weicher, nicht bitternder Wellnesstee.

Welken
erster Arbeitsschritt nach dem Ernten der Blätter, wird in großen, langen Trögen durchgeführt. Die Blätter werden auf groben Sieben ausgelegt und von unten ständig mit frischer, zum Teil auch bereits erwärmter Luft durchströmt. Dabei welken die Blätter schneller und werden für das anschließende Rollen vorbereitet.

Young Hyson
ein zarter grüner Gunpowder der Frühlingsernte

Ziegeltee
Pu-Erh-Tee wurde früher mit Ochsenblut durchtränkt und danach gepresst. Die so entstandenen Ziegel wurden oft von den nach Sibirien ziehenden Karawanen mitgenommen und auch unterwegs als Tee zubereitet. Heute wird der Pu-Erh-Tee gerne gepresst aufbewahrt und nach Jahrgängen gehandelt – je älter, desto besser. In Europa verwendet man Ziegeltee vorwiegend als Wanddekoration.

Zurückschneiden
Teebüsche werden in vierjährigen Intervallen bis auf die Äste und den Stamm zurückgeschnitten. Danach sprießen die jungen Zweige und die Blätter sehen wieder sehr viel besser aus.